**중국의
반격**

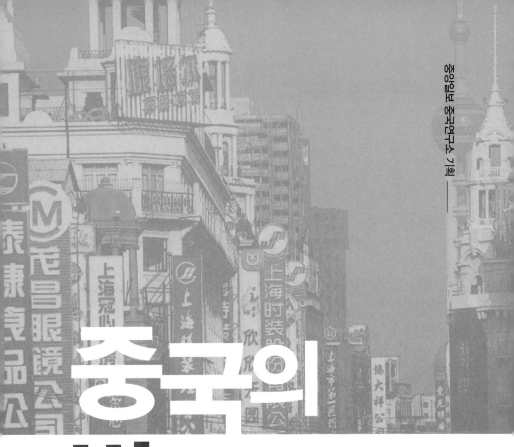

중앙일보 중국연구소 기획

중국의
반격

더 이상
중국 보너스는
없다

중앙일보 중국팀 지음

티움

차례

헤이룽장에서 익어가는 파스퇴르의 꿈
'소황제'의 '소황제'를 주목하라
매력도 상품이다
광장시장 떡볶이 집이 대박 나려면?

만드는 경제에서 소비하는 경제로 바뀐 중국

———

중국은 변한다. 오늘의 중국은 어제와 다르고, 내일의 중국 또한 오늘의 중국과 다를 것이다. 개혁개방 38년, 중국은 그렇게 발전해 왔다. 한국 경제가 내부 혁신 역량의 고갈로 지루한 정체 상태를 벗어나지 못하고 있는 지금 이 시간에도 중국은 변한다. 중국은 이제 글로벌 스탠더드를 수동적으로 받아들이는 나라가 아닌 자국 표준을 남에게 강요하는 나라로 우리 곁에 다가오고 있다. 그 변화의 흐름을 공산당이 주도한다는 사실이 놀라울 뿐이다.

그들은 또 한 번 거대한 전환(轉變)을 모색하고 있다. 어제까지의 중국은 '무엇을 만드는 나라'였다. 14억 인구가 내뿜는 거대한 생산력은 중국을 세계 최대 수출 국가, 세계에서 가장 큰 제조업의 나라로 만들었다. 그러나 앞으로는 달라질 것이다. '만드는 경제'에서 '소비하는 경제'로 바뀌고 있다. 그들은 제조업보다는 서비스업에서, 수출보다는 내수시장에서 성장 동력을 찾고자 한다. 임가공에 의존한 조립 공장은 고부가 첨단 공장으로 바뀌고 있다. 앞으로 3년, 길게는 5년여 동안 지속될 것으로 보이는 이 전환의 시기를 거치면 중국은 강한 제조, 큰 시장을 가진 위력적인 존재로 변할 게 분명하다. 최근 부각되는 중국 제조업 위기는 그 과정에서 나타나는 과도기적 현상이다.

중국의 변화에 어떻게 적응할지는 순전히 우리의 몫이다. 돌이켜 보면 1992년 한·중 수교 후 한국은 중국의 변화에서 많은 기회를 찾았고, 중국과 더불어 발전했다. 중국이라는 '세계 공장'은 한국 기업에 거대한 수출 시장을 제공했고, 한 발 앞선 한국 제품은 그 시장을 파고드는 데 성공했다. 중국으로 인한 성장 혜택, 즉 '중국 보너스'를 누렸던 것이다. 그러나 앞으로도 그럴 것이라고는 장담할 수 없다. 기술경쟁력을 갖추게 된 중국 기업은 더 이상 한국 제품을 찾지 않는다. 대중국 수출이 쪼그라드는 구조적 요인이다. 게다가 덩치가 커진 중국 기업들은 한국 기업에 가공할 만한 경쟁상대로 다가오고 있다. 한국의 많은 산업과 기업이 중국이라는 거대한 블랙홀에 빠져들 위기에 직면했다.

어떻게 극복할 것인가? 역시 중국의 변화에서 기회를 찾아야 한다. 중국의 성장 동력이 수출에서 내수로, 제조업에서 서비스업으로 바뀐다면 한국도 그 흐름을 타야 한다. 이제까지 중국 비즈니스의 패러다임이 '어떻게 하면 중국에서 싸게 생산할 것인가'에 집중했다면, 앞으로는 '어떻게 하면 중국 소비자에게 비싸게 팔 것인가'를 연구해야 한다. 철강과 기계, 화학제품 등이 이제까지의 대중국 전략 상품이었다면 앞으로는 먹고(식음료), 꾸미고(패션, 디자인), 노는(엔터테인먼트) 상품이 시장 공략의 첨병으로 등장할 것이다. 중국 비즈니스에서도 발상의 전환이 필요하다.

중국이 변한다면, 그 변화에 적응하는 것은 순전히 우리의 몫이다. 우리가 현장으로 달려가 중국 산업을 관찰하는 이유다. 수많은 중국의 풀 뿌리 민영기업은 지금 혁신으로 무장하고 있다. 골칫거리인 국유 대기업조차 구조 개혁을 통해 경쟁력을 키우고 있다.

이 책은 가장 먼저 '대중창업 만중창신(大衆創業 萬衆創新)'이라는 구호 아래 이뤄지고 있는 혁신의 물결을 스케치했다. 그 뒤에 중국 공산당이 꿈꾸는 미래상을 배치함으로써 시장과 정책을 균형 있게 이해할 수 있도록 했다. 이어 2016년 본격 시작한 한·중 FTA 시대에 어떻게 대응할지를 고민했다. 이론이 아닌 사례, 막연한 개념이 아닌 현장 취재를 바탕으로 책을 만들었다. 그렇다고 중국을 장밋빛으로 분칠하지는 않았다. 부채, 그림자금융, 부동산 버블, 증시 불안 등 중국이 가진 문제점을 마지막으로 언급함으로써 한 쪽으로 치우치지 않는 균형된 시각을 제시했다.

《중앙일보》는 중국에 강하다. 지금도 베이징 총국과 본사 뉴스룸, 중국연구소 등에서 뛰고 있는 기자들이 보다 객관적이고, 미래 지향적인 시각으로 중국의 변화를 추적하고 있다. 이 책은 그들이 산출한 콘텐츠를 재가공한 것이다. 유상철 논설위원, 최형규 중국전문기자, 한우덕 중국연구소 소장, 장세정 지역뉴스부장 등 전임 베이징 특파원들이 큰 흐름을 잡았고, 예영준·신경진 현 베이징 특파원, 하현옥·이충형·서유진 등 뉴스룸의 젊은 기자들이 집필에 참여했다. 그런 점에서 이 책은《중앙일보》차이나 팀의 역량이 결집된 작품이라고 할 수 있다. 모두에게 감사 드린다.

거듭 강조하지만 중국은 지금 이 시간에도 변하고 있다. 우리는 '경제 강국으로 부상하는 중국과 어떻게 살아야 할 것인가' 하는 주제를 놓고 치열하게 고민하고 토론해야 한다. 이 토론에 독자 여러분을 초대한다.

중앙일보 발행인
김교준

중국, 어떻게 볼 것인가

툭하면 위기요, 붕괴다. 중국 경제를 보는 서방의 시각이 그렇다. 거시 경제 지표가 안 좋다 싶으면 여지없이 중국 경제가 하드랜딩(경착륙)하네, 붕괴 조짐이 나타난다고 떠든다. 외신을 받아쓰는 국내 언론도 위기를 부풀리긴 마찬가지다. 가만히 생각해보자. 서방 전문가의 주장대로 중국 경제가 망가졌다면 중국은 이미 수십 차례 망했고, 부서졌을 것이다. 현실은 다르지 않는가. 중국 경제 내부에 몇몇 문제가 없진 않지만 전반적으로 볼 때 글로벌 위기에서도 잘 버티고 있다.

경제학자만을 두고 하는 얘기도 아니다. 중국과 비즈니스를 하는 기업 역시 중국 경제와 시장을 정확하게 읽지 못해 낭패를 볼 때가 많다. 영업 실적이 뛰어난 간부가 중국 시장에 파견돼서는 힘을 못 쓰고 보따리를 싸는 예가 부지기수다. 그들의 어설픈 시장 전략이

기업 전체의 중국 사업을 망가뜨리곤 한다. '중국은 판매왕의 무덤'이라는 말이 그래서 나온다. 우수한 실적을 거둬 '판매왕'이라는 칭호를 받은 간부를 중국에 파견했지만 헛다리만 짚다 소환된다고 해서 나온 말이다.

왜 그런 엉터리 분석, 헛다리 시장 전략이 나오는 걸까. 그것은 중국 경제의 속성을 정확히 파악하지 못하기 때문이다. 나무와 숲을 모두 볼 수 있는 균형 있는 지식이 부족하기에, 자기가 보고 싶은 대로만 중국을 본다. 그러니 제대로 된 분석과 전략이 나올 리 없다.

당은 아버지, 국가는 자식

중국은 '당-국가 체제(Party-state system)'의 나라다. 집권당인 공산당이 국가의 모든 기구를 장악하고, 관리한다. 정부도 당(黨)의 이념이나 철학을 집행하는 실행 단위일 뿐이다. 그러기에 당이 어떤 생각을 하는지, 어떤 방향으로 가려는지가 중요하다. 당·국가 시스템의 본질을 알아야 제대로 된 중국을 분석할 수 있다.

중국에서 공산당이 설립된 시기는 1921년이다. 상하이에서 천두슈(陳獨秀), 마오쩌둥(毛澤東) 등이 비밀리에 만나 결성했다. 그 공산당이 오랜 혁명 과정을 거쳐 1949년 10월 1일에 세운 나라가 바로 중화인민공화국이다. 공산당이 '아버지'라면 중화인민공화국은 '자식'인 셈이다. 아버지와 자식, 그게 중국에서 당과 국가의 관계다.

공산당은 모세혈관처럼 중국 전역을 파고든다. 각급 정부기관은 물론이고 학교, 협회, 국유기업에까지 당 조직이 뻗어 있다. 심지어 일정 규모 이상의 사영기업에도 당 조직이 결성되어 있다. 당의 결정은 이 조직을 통해 중국 전역에 퍼진다. 그렇게 당은 국가를 장악하고 통제한다. 아버지가 자식을 키우듯 공산당은 중국을 키우고 있다. 자식을 잘 키워야 한다는 사명감을 갖고 말이다. 그게 당-국가 체제의 본질이다.

근데 여기까지는 대충 다 안다. 그러나 여기서 끝나면 안 된다. 우리는 한 발 더 들어가 중국 경제가 어떻게 형성되고 움직이는지 뜯어보아야 한다.

중국은 한 나라지만, 그 나라 경제를 움직이는 메커니즘은 여럿이다. 서로 다른, 아니 어쩌면 서로 배치되는 체제가 공존한다. 서방의 자유 자본주의(Liberal Capitalism) 속성이 존재하는가 하면, 우리가 1997년 외환위기의 주범이라고 지목한 아시아 특유의 유교 자본주의(Confucious Capitalism)가 있다. 또 그런가 하면 국가가 직접 경제 주체로 시장에 뛰어드는 국가 자본주의(State Capitalism) 속성도 뚜렷하다. 이 같은 메커니즘이 함께 어우러져 중국 경제를 만든다. 이 중 어느 한쪽만 보니 엉터리 분석이 나오고, 헛다리 전략이 나오는 것이다. 중국 경제에 한 발 더 들어가봐야 하는 이유가 바로 이것이다.

국가 자본주의

　우선 중국 경제 속 '국가 자본주의'를 보자. 축구 경기를 할 때 운동장에는 두 부류의 참여자가 있다. 하나는 선수, 또 하나는 심판이다. 심판은 게임이 공정하게 잘 유지되도록 관리하는 역할을 한다. 반칙하는 선수가 있으면 옐로카드로 경고하고, 레드카드로 퇴장시킨다. 시장 경제시스템에서 국가는 바로 그런 심판의 역할을 맡는다. 그러나 중국 경제에서는 다르다. 심판(국가)은 호루라기도 불지만 직접 공을 차기도 한다. 어떤 때는 공을 슬쩍 맘에 드는 선수에게 패스하기도 한다. 아예 드리블하며 질주하기도 한다. 심판이 판을 좌우할 수밖에 없다. 중국 경제에서 뚜렷하게 나타나는 국가 자본주의 속성이다.

　중국 경제는 국유사이드와 민영사이드가 분절(分節)되어 있다. 국유사이드에는 중앙과 지방 정부의 국유기업(금융 포함)이 포진해 있고, 민영사이드는 민영기업과 외국투자기업으로 구성되어 있다. 국가 자본주의적 성향이 짙은 분야가 바로 국유사이드다. 국유기업은 생산성이 떨어진다고 지탄을 받지만, 어쨌든 부가가치 생산 규모로 볼 때 중국 경제(금융 포함)의 거의 절반을 차지하는 중요한 부분이다. 에너지, 금융, 통신, 방위 등 굵직굵직한 산업은 이들 국유기업이 장악하고 있다.

　국가 자본주의 시스템은 이제 글로벌 시장을 위협한다. 정부-국유은행-국유기업으로 구성된 '국가 자본주의의 삼각 편대'가 해외 시장을 공습한다. 정부가 목표물을 정하면 국유기업이 달려들고, 국유은행은 돈을 지원하는 식이다. 중국의 석유업체는 이미 세계 유전 개발의 메이저급으로 성장했다. 브라질, 호주, 남아공, 러시아 등 세계 곳곳의 자원부국에는 여지없이 중국 국유기업이 자원개발에 나서고 있다. 유전 입찰에서 BP와 쉘 등 서구 기업은 자본력으로 무장한 중국 편대에 밀릴 수밖에 없다.

요즘 한국 조선산업이 어렵다. 현대중공업, 삼성중공업, 대우조선해양 등 메이저 회사들이 수조 원의 적자에 시달리고 있다. 그 요인 중 하나가 중국의 국가 자본주의에 당했기 때문이다. 조선 분야의 중국 국유기업은 해외 시장에서 발주 물량을 쓸어가고 있다. 돈 걱정은 없다. 정부가 지원해주니까 말이다. 국가와 국유기업, 국유은행이 스크럼을 짜고 달려드는 그들을 우리가 어찌 감당할 수 있단 말인가. 그렇게 철강산업이 당했고, 심지어 한국의 마지막 보루라고 하는 반도체도 안전하지 않다.

종합통신 장비업체인 화웨이(華爲)는 글로벌 비즈니스를 하는 대표적인 민영기업이다. 물론 이 회사는 경쟁과 자율이라는 민영기업의 속성을 갖고 있다. 그러나 화웨이가 세계 곳곳을 파고들 수 있었던 것은 국가의 지원이 있었기에 가능했다. 화웨이가 아프리카 통신 시장에 진출하기 전, 정부는 해당 지역에 통신 현대화를 위한 자금을 지원해준다. 화웨이는 그 돈을 받아 통신망을 깔아준다. 국가는 그렇게 민영기업에 뒷돈을 대주기도 한다.

자유 자본주의

그렇다고 중국에 국가 자본주의만 있는 건 아니다. 한편으로 중국은 경쟁이 살아 있고, 시장 원리가 충분히 적용되고 있는 나라이기도 하다. 자유 자본주의적 속성도 함께 존재한다는 얘기다.

최근 시안을 취재한 적이 있다. 쭉 이어진 상가는 대부분 문을 닫았다. 음산하기까지 했다. 현지인에게 왜 이렇게 전부 문을 닫았냐고 물으니 이렇게 답했다.

"원래 학용품, 완구, 아동복을 팔던 곳입니다. 그러나 학생들은 더 이상 여기서 물건을 사지 않습니다. 전부 알리바바, 징둥(京東) 등 인터넷 전자상거래 사이트에서 삽니다. 그러니 오프라인 가게는 망할 수밖에 없지요."

알리바바가 일으키는 유통 혁명의 현장이다.

새로운 기술이나 서비스가 등장하면 옛날 것은 경쟁에서 밀려 퇴출된다. 그게 자유 시장경제의 논리다. 중국 유통시장에서 지금 벌어지는 현상이기도 하다. 오로지 경쟁만이 통한다. 정부는 체제를 위협하지 않는 한 그냥 민간기업이 하는 걸 내버려 둔다. 그러니 경쟁이 일어나고 발전한다. 인터넷 모바일, IT 등에서 일어나는 현상이다. '대중창업 만중창신(大衆創業 萬衆創新)'이라는 깃발 아래 중국 전역에서 벤처기업이 쏟아지고, 가격파괴 전쟁이 벌어진다. 그런가 하면 자금력이 풍부한 기업은 해외에서 기업을 인수하고, 빌딩을 사들인다. 서방 기업과 다르지 않다.

이마트가 중국에 진출한 건 1990년대 중반쯤이다. 한때 잘 나갔다. 한국의 유통 기술이 중국 시장에서 먹힌다고 언론에도 자주 등장했다. 그러나 지금 이마트는 철수 중이다. 중국 경제가 갖고 있는 자유 시장경제의 속성을 견디지 못했기 때문이다. 중국 유통 시장은 한마디로 자유 시장경제가 통하는 곳이다. 그들은 단돈 1위안(元), 아니 1마오(毛)에도 공급선을 바꾼다. 완전 경쟁에 가깝다. 중국 경쟁사에 비해 원가 비율이 높은 이마트가 견디기 어려운 구조다. 게다가 알리바바가 일으킨 유통혁명은 오프라인 매장을 시장에서 몰아내고 있다. 이마트는 이 같은 자유 경쟁을 견디지 못하고 빠져나오는 것이다. 이마트가 나오고 하는데 다른 브랜드의 마트가 또 그곳으로 가겠다고 나선다. 과연 성공할 수 있을까?

유교 자본주의

그렇다고 '중국은 자유 시장경제의 나라'라고 쉽게 치부해버린다면 오산이요 착각이다. 시장경제 성립의 핵심 요건은 '계약'이다. 계약이 살아 있고, 계약에 따라 비즈니스가 진행되는 규정이 살아 있어야 시장경제가 유지된다. 하지만 중국이 어디 그런 나라

던가?

중국에서 비즈니스를 하는 사람들은 계약보다는 '관시(關係)*'가 중요하다고 말한다. 관시 비즈니스다. '관시'는 이제 중국 비즈니스의 특성을 말해주는 보통명사로 자리 잡았을 정도다. 서방 시장에서 '판매왕' 타이틀을 딴 간부가 중국에서는 헛다리를 짚는 이유가 여기에 있다. '시장을 법과 규정만으로 읽을 수 없는 곳이 바로 중국'이라는 속성을 간과한 것이다. 유교 자본주의적 속성 말이다.

유교 자본주의이 가장 큰 폐해는 문어발식 사업 확장이다 되다 싶으면 전부 끼리끼리 해먹는다. 돈 좀 벌었다 싶으면 바로 업종 다각화에 나선다.

신시왕(新希望)이라는 그룹이 있다. 쓰촨에서 메추라기 양식으로 돈을 번 대표적인 민영기업이다. 이 회사는 지금 고유 분야인 농업을 비롯해 부동산, 금융, 에너지, 호텔 등 손 안댄 업종이 없다. 신시왕 그룹을 일으킨 사형제는 중국 전역을 돌아다니며 부를 쌓는다. 자유 시장경제의 터전에서 돈을 번 그들이지만, 속으로 들어가보면 끼리끼리 해먹고 자기네끼리만 나눠먹는다.

겉으로 보기에 중국은 분명 시장 자본주의적 속성을 가진 경제처

관시 흔히 꽌시라고 하는데 쉽게 설명하면 연줄이다. 한국의 학연, 지연, 혈연 문화와 비슷하다. 관(關)은 관문을 의미하고 시(係)는 연결을 뜻한다. 중국인은 대인관계를 중시한다. 그래서 중국에서 기업할 때 관시는 경영에 막대한 영향을 미치는 요소다.

럼 보인다. 한국보다 오히려 더 경쟁적이다. 그러나 비즈니스 현장
에서는 계약보다는 관시가 위력을 발휘하고, 경쟁보다는 끼리끼리
문화가 더 짙다. 그런 특성을 이해하지 못하니 헛다리를 짚는 것이
다. 중국 시장에서는 경쟁을 이해하는 한편, 그들의 관시문화도 고
려해야 한다. 그래야 제대로 된 전략을 세울 수 있다.

　중국 경제가 고난의 시기로 접어들었다는 것은 의심의 여지가 없
다. 10% 안팎의 성장세를 달리던 경제가 7% 성장도 힘들어하고 있
으니 말이다. 산업 현장에서는 '곡소리'가 들린다. 서구 전문가들 사
이에 '위기'라는 말이 나오는 건 어찌 보면 당연하다. 그러나 이는
국유 부분의 일이다. 알리바바, 샤오미, 화웨이, 레노버 등 민영 부분
은 지금 활활 타오르고 있다. 미국을 추월할 기세다. 이를 무시하고
국유사이드만 본다면, 또다시 헛다리를 짚을 뿐이다.

　하나하나 뜯어봐야 하고, 또 조각을 붙여 종합적으로 봐야 한다.
너무 쉽게 '중국은 어떻다'고 규정하지 말아야 한다. 획일적인 관점
으로 중국을 본다면 경제 분석도, 기업 경영 전략도 일그러진다. 나
눠보고 쪼개보고 또 종합해보자. 그래야 중국의 위기를 피할 수 있
고 위기에서도 새롭게 나타나는 기회를 잡을 수 있다.

1장

혁신 차이나

중국 경제에서 신음 소리가 끊이지 않는다. 성장세는 둔화되고, 전통 제조업 공장의 야적장에는 재고가 산더미처럼 쌓여가고 있다. 그런 한편으로 산업 일각에서는 경기가 끓어오른다. 'BAT(바이두, 알리바바, 텐센트)'라고 불리는 인터넷 업체가 주도하는 모바일 혁명은 이를 상징한다. 화웨이, 샤오미, 레노버 등 IT업체는 세계직인 경쟁력을 갖춰가고 있다. 저무는 구(舊)경제, 새롭게 떠오르는 신(新)산업, 중국 경제는 지금 거대한 전환기를 지나고 있다. 중국은 과연 산업 패러다임 전환(轉變)에 성공할 것인가. 여기에 중국의 미래가 달려 있다. 중국 IT업계에서 일고 있는 혁신의 흐름을 주목하는 이유다.

알리바바 생태계

우선 물어보자. 알리바바는 과연 혁신 기업인가? 마이크로소프트, 애플, 구글, 페이스북 등 미국 IT 기업이 우뚝 설 수 있었던 이유는 '혁신(innovation)' 덕이다. 상품이나 서비스에 혁명적 변화를 가져왔고, 인간의 삶을 바꾸었다. 그렇다면 알리바바는 무엇을 혁신했고, 또 삶을 어떻게 바꿨는가?

알리바바는 오리지널이 아니다. 알리바바의 메인 비즈니스 모델은 전자상거래다. 미국의 이베이나 아마존에서 기법을 배워왔다. 알리바바는 검색이나 메시지 등 일부 기능을 바이두(百度)나 텅쉰(騰訊·텐센트) 등에 의지한다. 바이두나 텅쉰 역시 미국의 기술과 서비스를 중국에 응용했을 뿐 혁신하고는 거리가 멀다. 한마디로 '짝퉁'이라는 얘기다.

그런데도 세계는 알리바바에 환호한다. 알리바바가 2014년 IPO(기업공개)로 모은 돈은 218억 달러였다. 2012년 페이스북의 160억 달러를 가뿐히 뛰어넘은 IT업계의 또 다른 대박이다. 상장 주간사들이 추가적으로 행사할 수 있는 스톡옵션(4800만 주)을 포함하면 그 규모는 약 250억 달러로 확대된다. 당시 세계 최대 자금조달 기록이었다.

기술 분야에도, 서비스 분야에도 혁신은 없었다. 그렇다면 대박 비결은 무엇이었던가? 답은 시장화에 있다. 이미 존재하는 기술과 서비스를 중국 소비 환경에 맞게 다시 구성한 게 바로 알리바바의 성공 요인이다. 경영 컨설팅 회사 맥킨지는 이를 '시장화를 통한 혁신(Innovation through commercialization)'이라고 했다. 중국은 그렇게 중국 특색의 혁신을 한다. 중국 특색의 사회주의를 해왔던 것처럼 말이다.

알리바바가 전자상거래 플랫폼인 타오바오(淘寶)를 만든 때가 2003년이다. 당시 중국 전자상거래 시장은 미국 이베이가 잡고 있었다. 그러나 2007년 이베이는 타오바오에 밀려 짐을 싸야 했다. 중국 사이버 거래의 가장 큰 문제점인 '소비자와 제조업체 간 불신'의 격차를 해소하지 못했기 때문이다. 중국 소비자는 먼저 결제하는

알리페이 　알리페이(Alipay)는 중국 최대의 쇼핑몰 타오바오(알리바바 소유, 중국 내 온라인 쇼핑몰 시장점유율 70% 차지)를 기반으로 시작된 결제서비스다. 신용카드 결제도 가능하지만, 보통은 알리페이 계좌로 현금을 충전해서 사용한다. 알리페이 계좌로 입금된 돈은 마치 가상 화폐처럼 어디에서든 사용할 수 있다. 온라인 결제는 물론 모바일 앱에서 바코드를 인식하는 방법으로 교통요금, 공공요금, 오프라인 쇼핑 등 거의 모든 결제를 지원한다.

데 익숙하지 않았고, 제조업체는 돈을 받지 않고 물건을 배송하는 걸 거부했다. 이 관행에 이베이의 지불결제 시스템인 페이팔(PayPal)은 무용지물이었다. 그러나 알리바바는 '알리페이*'로 이 문제를 해결했다. 소비자에게 일단 돈을 받아 쌓아놓고, 물건이 배달된 뒤 최종 구매의사 확인하고 나서 돈이 지불된다. 둘 다 만족한 경우라야만 거래가 진행된다. 아주 작은 변형이다. 그러나 이 작은 변형이 타오바오가 이베이를 몰아낸 결정적인 힘이었다. 상업화를 통한 혁신이다. 물론 그 저변에 14억 소비시장이 있었기에 가능한 얘기지만 말이다.

IT 분야에만 국한된 얘기는 아니다. 세계 시장으로 맹렬하게 돌진하고 있는 고속철도를 보자. 중국은 2004년부터 가와사키(일본), 지멘스(독일), 알스톰(프랑스) 등에서 고속철도 기술을 들여오기 시작했다. 6년 만인 2010년에 시속 380km로 내달릴 수 있는 세계 최고 속도급 고속철도 기술을 자체 개발했다. 세계 고속철도 제작업계에서 "어떻게 그게 가능해? 짝퉁 아니야?" 하는 의문을 제기하는 것은 당연했다.

역시 '시장화를 통한 혁신'이 있었기에 가능했다. 그 과정은 이렇다. 중국 정부는 2004년 이후 고속철도 공사에 매진했다. 도시와 도시를 연결하는 철도는 무조건 고속전철을 깔았다. 2010년 말에는 1000km가 넘는 우한(武漢)-광저우(廣州) 노선을 개통했고, 2011년 상반기에는 정저우(鄭州)-시안(西安) 노선, 상하이-베이징 노선을 각각 개통했다. 여기에 헤이룽장(黑龍江) 하얼빈에서 창춘(長春), 선양

(瀋陽)까지 연결했고, 곧 베이징까지 이어졌다. 지금 중국 고속철도의 길이는 1만8000km 정도다. 전 세계 고속철도의 절반 이상이 중국에 깔려 있다.

철도 기술은 '많이 깔아본 놈이 장땡'이다. 공사가 많을수록 기술력이 높아지기 때문이다. 게다가 중국 고속철도는 수천 미터 산을 지나고, 사막을 넘어, 긴 강을 건넌다. 그 과정에서 다양한 실험을 할 수 있다. 그렇게 기술을 축적했다.

시장에서 이룬 기술 진보와 혁신은 초기 합작대상이던 독일, 일본 등 기술공여국 수준을 금방 능가했다. 지금은 누구도 중국 고속철을 짝퉁이라고 말하지 않는다. 오히려 지멘스나 가와사키 등은 해외 프로젝트 컨소시엄을 구성하려고 중국 기업에 손을 내민다. 그들이 시장화 과정(건설 과정)에서 경험한 노하우가 필요했고, 어느 나라보다 싸게 제품을 만들 수 있는 중국의 가격 경쟁력이 필요하기 때문이다.

인구, 노동력에서 구매력으로

2015년 11월 11일 '싱글데이(광군제)*' 때 알리바바가 올린 판매액 수치는 그야말로 경이로울 정도다. 그날 하루 912억 위안(약 16조 5000억 원)의 상품을 팔았다. 단위 백화점 매출규모로는 한국에서 가장 크다는 롯데백화점 소공동점의 연간 매출액보다 약 9배 많은 수준이다. 우리가 눈여겨봐야 할 건 그 경이적인 수치가 아닌, 알리바바 플랫폼 위에 얽히고설킨 서플라이 체인(공급사슬)이다. 그건 거대한 생태계다. 상품 포스팅(등록), 주문, 결제, 배송 등으로 이어지는 공급망의 전자상거래 환경은 무서울 정도로 치밀했다. 알리바바는 단지 플랫폼만 제공했을 뿐이다. 생태계는 지금 온갖 자양분을 빨아들이며 쑥쑥 성장하고 있다. 광군제 행사에 참가한 기업은 약 4만 개에 달하고, 이들이 만든 3만 개의 브랜드, 약 600만 종의 상품이 '알리바바 생태계'에서 거래됐다. 월마트 품목보다 1.5배 정도 많은 수준이다. 40만 대의 트럭, 비행기 200대가 이들을 실어 날랐다.

생태계는 이제 해외로 뻗어나가고 있다. 해외 브랜드 약 5000개가 이 행사에 참여했고 그 안에 한국 브랜드도 있다. 당시 행사에 참여한 한국의 물류업체 원윈로지스틱은 광군제를 앞두고 항저우(杭州)로 가는 아시아나 여객기 화물칸에 큰 뭉치의 포장 화물을 실었다. 립스틱, 매니큐어, 머드팩 등 5t 분량의 화장품이었다. 역시 '알리바바 생태계' 속 제품이었다. 원윈로지스틱 김근철 사장은 "광군제 행사 때 재고 쇼티지(부족)가 발생해 부랴부랴 화물을 보내야 했다"며 "배송 날짜를 지켜야 했기에 비싸도 어쩔 수 없이 항공 수송을 해야

싱글데이(광군제) '광군(光棍)'은 배우자나 애인이 없는 '싱글(single. 독신)'을 의미한다. 광군제는 '싱글을 위한 날'로 '싱글데이(솔로데이)'라고도 불린다. 광군제는 1998년 난징에서 싱글 남학생 4명이 모여 만든 것으로 11월 11일로 정한 것은 '1'이 혼자를 상징하는 숫자인 데다 4개가 합쳐 있기 때문이다. 중국판 블랙프라이데이로 성격이 바뀐 것은 2009년 11월 11일 알리바바가 '쇼핑하며 외로움을 달래자'는 취지로 대대적인 세일을 하면서 비롯됐다.

했다"고 말했다.

원원로지스틱은 2015년 10월 중순 이후 40개 컨테이너 분량의 '광군제 특수 상품'을 항저우로 보냈다. 대부분 화장품으로 약 100억 원 규모였다. 주문량을 맞추느라 밤샘 작업을 했다. 직원 25명인 중소 물류업체로서는 '대박'이었다. '알리바바 생태계'는 그렇게 강력한 흡인력으로 한국의 한 중소 물류업체를 끌어들였다. 지금 세계 주요 소비재 생산기업, 물류 서비스회사 등은 어떻게 하면 그 생태계에 끼어들 수 있을지 고민하고 있다.

흡인력의 원천은 중국 내수시장의 구매력, 더 구체적으로 말하면 중산층이다. 글로벌 금융회사 크레디트스위스가 최근 발표한 〈2015 글로벌 부(富)보고서〉는 이를 보여준다. 보고서는 중국의 중산층 수가 1억900만 명에 달해 미국(약 9200만 명)을 추월했다고 분석했다. 컨설팅업체 맥킨지는 2020년 중국 가구의 50% 이상이 고급 중산층 대열에 올라설 것이라고 예상하며 이들의 소비력이 경제에 새로운 성장 동력을 제공할 것이라고 지적한다. 전반적인 거시 경제가 부진한데도 소비만은 10% 넘는 성장세를 줄곧 유지하는 이유이기도 하다.

중국은 지금 경제 체질을 개선하고 있다. 제조업이 경제를 일으켜 세운 나라가 바로 중국이다. 14억 인구가 분출하는 '노동력(Labor force)'은 중국을 G2(Group of 2)의 나라로 만들었다. 소득수준이 높아지면서 그 노동력은 지금 '구매력(Purchasing power)'으로 변하고 있다. 니컬러스 라디 미국 피터슨국제경제연구소 연구원은 "지난 20년 중국 노동력이 세계 경제 판도를 바꿨다면 앞으로 20년은 그들의 구매력이 글로벌 판도를 결정할 것"이라고 했다. 소비 중심의 성장 체제를 구축하겠다는 중국 정부의 '신창타이(新常態 · 뉴노멀)*'가 지향하는 목표이기도 하다.

그들은 기업별 생태계, 업종별 클러스터를 중심으로 뭉치고 있다. 자기들만의 서플라이 체인을 만들며 장벽을 쌓고 있다. '알리바바 생태계'는 그 한 예일 뿐이다. 샤오미(小米)는 사물인터넷을 기반으로 한 '샤오미 생태계'를 조성하고 있고, 고속철도업계는 자기 완결형(full-set) 서플라이 체인을 구축했다. 한·중 자유무역협정(FTA)이 필요한 이유도 이 때문이다. 중국 내수시장에서 경쟁력을 높여 '구매력' 시대에 맞는 한·중 비즈니스의 패러다임을 새롭게 짜보자는 취지다. 중국 생태계로 들어가는 통로를 넓히는 길이기도 하다.

중국은 그들 나름대로 혁신을 이루며 산업을 바꿔가고 있다. 물론 결코 쉬운 과정은 아니다. 제조업에서 서비스로, 수출에서 내수로 전환하는 일은 오랜 시간이 필요하다. 경제에 자칫 충격이 올 수도 있다. 지금 중국이 겪고 있는 제조업 분야의 위기가 그래서 생긴 현

신창타이　신창타이(新常態)는 미국 경제를 설명할 때 사용한 신조어 '뉴노멀(new normal)'의 중국식 표현으로 '새로운 국면의 새 표준'이라는 뜻이다. 중국 경제가 두 자릿수 고도성장기를 벗어나 안정적인 중·고속 성장 국면에 들어섰다는 의미로 시진핑 국가주석이 처음 사용하며 알려졌다.

상이다.

그러나 중국 경제의 거시 지표만 보고 단순하게 "중국은 이제 끝났어" 하고 돌아서는 우를 범해서는 안 된다. 오히려 중국 경제 내부에서 무슨 일이 벌어지고 있는지 한 발 더 들어가봐야 한다. 알리바바 생태계가 어떻게 구성되고 있는지, 어떻게 발전할 것인지 연구해야 한다. 중국 거시 경제에 막연한 불안감에 사로잡혀 머뭇거리는 바로 이 시간에도 알리바바 생태계는 우리를 외면한 채 무럭무럭 자라고 있다. 중국의 신산업 분야 기업과 어떻게 협력 시스템을 구축할지 고민해야 한다.

마윈의 선택

1999년 1월 어느 날, 베이징에서 인터넷 홈페이지 제작 사업을 하던 마윈(馬雲)은 전 직원 18명을 회의실로 불렀다.

"우리는 고향 항저우로 돌아간다. 이곳은 더 이상 꿈을 키울 곳이 못 된다. 베이징에 남을지, 항저우로 갈지는 여러분 자유다. 남는 사람은 야후 등에 취업할 수 있도록 주선해주겠다. 함께 간다면 고생을 각오해야 한다. 월급은 500위안(당시 환율 약 7만 원)밖에 못 준다. 사흘의 시간을 주겠다. 선택하라."

직원들은 베이징 생활에 익숙해질 무렵 마윈 사장의 이야기를 듣고 뒤통수를 맞은 듯 놀랐다. 3분 후 직원들은 다시 회의실로 모였다.

"우리는 팀이다. 모두 항저우로 가기로 했다. 함께 고생하자."

그들은 다시 낙향하여 항저우의 허름한 아파트에서 알리바바를 세웠다.

알리바바의 창업 스토리는 마윈이 좋아한다는 무협지만큼이나 흥미진진하다. 손정의 일본 소프트뱅크 대표가 사업 초기 4000만 달러를 투자하겠다고 제안했을 때 마윈은 "그렇게 많은 돈은 필요 없으니 2000만 달러만 받겠다"고 배짱을 부린 것도 유명한 일화다. 마윈은 창업 아이콘이다. 빌 게이츠나 스티브 잡스와 견줄 중국의 'IT 우상'이다.

중국 젊은이들은 알리바바의 창업 스토리에 푹 빠진다. 광둥(廣東)성 포산(佛山)의 '횃불(火炬)혁신창업센터'에서 만난 장웨이성(張偉勝)도 그중 한 명이다. 친구 6명과 스마트폰 회로설계 회사를 설립한 그는 "지금 상황이 알리바바 창업 때보다는 좋지 않느냐"고 반문한다. "마윈이 했는데 내가 못할 이유가 없다"는 얘기였다. 그는 화웨이, 쿨패드 등 스마트폰 메이커를 쫓아다니며 열심히 프레젠테이션을 한다. 그렇게 중국 전역에 '알리바바 키즈(알리바바의 영광을 꿈꾸는 젊은이들)'가 자라고 있다.

그러자 이제 정부가 나섰다. 리커창(李克强) 총리는 "중관춘* 모델을 전국으로 확산하라"고 했다. 베이징 중관춘에서 실행한 연구개발 지원정책을 다른 창업센터로 확대하라는 지시였다. 바로 그날 포산의 횃불혁신창업센터는 국가급 창업보육센터로 지정됐다. 중관춘

발(發) 창업 열기가 광둥 성 포산으로, 멀리 쓰촨(四川) 성 몐양(綿陽) 하이테크단지 등으로 퍼져나가고 있다. 중국 산업은 분명 변하고 있다. '마윈 키즈'가 바꿔갈 10년 후 중국의 미래는 한국에게도 큰 도전이다.

중관춘 중관춘(中關村)은 1988년 5월 중국이 최초로 지정한 첨단 IT개발구다. 하이테크 비즈니스 중심구역으로 지식경제, 하이테크산업 단지로 성장해왔다. 베이징대학, 칭화대학, 런민대학 등이 몰려 있는 지식센터이기도 하다. 베이징 시 하이뎬취(海淀區)에 위치하며 면적은 1.5㎢이다. 이 지역 기업의 50% 이상이 컴퓨터 등 전자 관련 산업이고, 생명과학 신소재 등 첨단 과학 기술 업체가 속속 들어서고 있다.

중국 IT의
우상

G2 시대에 알리바바는 중국 경제의 아이콘이다. 1999년 마윈(馬雲) 회장과 17명이 창업한 알리바바는 세계 최대 전자상거래 기업이자 중국 촹커(創客·혁신창업가) 열풍의 진원지다. 2014년 뉴욕증권거래소에 사상 최대 규모의 기업공개 기록을 세우며 서방 자본시장에 데뷔했다.

《중앙일보》 박수련 기자가 2015년 9월 중국 항저우 알리바바 본사에서 마윈 회장을 만났다. 그의 집무실을 한국 언론에 공개하기는 처음이었다.

마윈은 대담하고 치열했다. 그는 "2030년에 세계는 시장경제(market economy)와 계획경제(planned economy)를 놓고 대논쟁을 다시 벌일 것"이라며 "꼬박 100년 전(1930년대)엔 미국이 주장한 시장경제가 이기고 구 소련이 졌지만 이젠 상황이 달라졌다"고 단언했다. 그는 "2030년엔 계획경제가 더 우월한 시스템이 될 것"이라고 말했다.

그는 데이터, 즉 정보를 이유로 들었다. 마 회장은 "1930년대엔 사람들이 '보이지 않는 손'이 시장에 있다고 믿었기 때문에, 그래서 시장경제가 이긴 것"이라며 "하지만 손에 데이터를 쥐고 있는 지금의 우리는 예전엔 보이지 않던 그 손을 볼 수 있게 됐다"고 말했다. 실시간으로 생기는 엄청난 빅데이터를 수집·분석할 수 있는 데이터기술(DT · Data Technology)에 주목하며 새로운 개념의 계획경제를 들고 나온 셈이다. 마 회장이 "정보기술(IT) 시대가 저물고 DT 시대가 올 것"이라고 주장하는 이유다. 그는 데이터 패권 시대를 내다보고 있었다.

-알리바바는 어떤 기업이 되고 싶은가

알리바바의 가치에 대해 질문한 것인가? 한마디로 '소기업(small business)', '인터넷 세대', '중국'이다. 나는 알리바바를 전 세계 소기업을 위한 엔진으로 만들고 싶다. 사실 과거 20년 동안 세계화로 성공한 건 대기업이었다. 자원 많고 돈 많은 대기업이 모든 걸 다 했다. 글로벌 무역도 그랬다. 하지만 향후 20년은 세계화가 작은 기업을 돕는 시대가 될 것이다. 인터넷이 그 역할을 할 거고, 알리바바가 도울 것이다. 그리고 나는 인터넷 세대와 함께할 것이다. 1980년대에 태어난 인터넷 세대가 지금은 14억 명 남짓이다. 20~30년 후엔

이 세대가 30억~40억 명으로 불어난다. 우리는 이들과 함께 인류를 다음 단계로 성장시킬 기술 혁명을 함께 해내겠다.

-중국에서도 하고 싶은 게 많아 보인다

앞으로 20~30년 안에 중국에서 글로벌 수준의 기업이 많이 나올 거다. 하지만 지금 10~20%씩 성장하는 기업을 난 (잠재력을) 안 믿는다. 오래갈 수 없다. 그래서 알리바바 같은 기업이 중국을 도와야 한다. 우리는 주주들의 기대를 맞추기 위해 경영성과를 끌어올리려고 전전긍긍하지 않을 것이다. 대신 건강하게 성장해 글로벌 스탠더드가 되어야 한다. 가진 것 없던 18명이 이런 큰 기업을 만들 수 있는 게 스타트업이라고 우리가 (중국에) 본보기로 보여줬듯이, 앞으로는 오래 살아남는 기업이라는 본보기를 보여주겠다.

-중국에 스타트업(신생기업)이 많다

맞다. 스타트업이 많이 생기는 건 반가운 일이다. 하지만 스타트업을 세우는 것, 5년 정도 버티는 것은 쉽다. 진짜 어려운 것은 오래 살아남는 것이다. 수십 년간 계속 혁신하고 창의적이어야 살아남는다. 한 번 툭 튀어오르는 것 말고, 장기전(long term fighting)을 고민하는 기업이 더 늘어야 한다. 지금 중국 인터넷 업계의 스타는 바이두, 알리바바, 텐센트를 일컫는 BAT다. 그러나 10년 후에도 이들이 지금과 같은 위상을 유지할지는 누구도 장담할 수 없다.

-샤오미는 위협적이다

사람들이 샤오미와 삼성을 많이 비교하는데, 난 삼성이 존경스럽다. 수십 년 동안 한순간도 싸움을 멈추지 않았다. 쉬운 일이 아니다. 노키아가 한때 쓰러졌지만 다시 돌아오지 않았는가. 삼성도 마찬가지다. 한국 사람은 눈앞에 문이 있으면 문을 부수든가 벽을 부수든가 어떻게든 해내는 사람들이다. 마음먹으면 포기 안 한다. 중국? 우린 좀 다르다. 우린 잘 변한다. 그래서 우린 바꾸길 잘하는데, 난 그게 좋다고 생각한다.

-지속 가능성은 모든 회사의 가치이자 목표다

주주(shareholders)보다 파트너십(동업)이 기업의 중심에 서야 한다. 알리바바의 파트너십 시스템을 이번 세기의 시스템으로 만들고 싶다. 이것은 기업의 발전 철학에 대한 문제다. 서방 기업은 주주의 이익을 최고 가치로 여긴다. 종업원은 그 다음, 고객은 또 밀려난다. 그러나 알리바바는 거꾸로다. 알리바바의 최고 가치는 고객에 있다. 그들이 우리 회사를 먹여 살리기 때문이다. 그 다음은 종업원이다. 그들이 가치 창출의 주역이다. 주주의 이익? 그건 가장 마지막 가치다.

-파트너십 시스템이란 게 뭔가

200여 년 전 영국 산업혁명 당시엔 기업이라 하면 으레 공장을 가진 오너를 뜻했다. 공장주가 곧 기업이었다. 20세기엔 미국이 주도

한 주주 시스템이 나왔다. 여기선 기업가치는 곧 주주가치를 뜻했다. 하지만 21세기엔 파트너의 가치가 중요한 시대가 될 것이다. 지금은 아무도 내 말을 안 믿는다. '파트너가 주주의 이익을 침해한다'는 말도 있지만, 다 모르는 소리다. 알리바바의 파트너십은 지금 아주 작은 씨앗을 뿌린 정도지만 10년, 20년 후엔 사람들이 '와우' 하고 놀랄 거다. 마치 100년 전 주주 시스템을 접하고 오너 중심 문화에서 (기업이) 엄청나게 진보했다고 좋아했듯이 말이다. 이젠 주주 뮤화에서 파트너 뮤화로 도약할 때다

샤오미, 도대체 넌 누구냐?

휴대전화 배터리, 공기청정기, 에어컨, 정수기, 선풍기, 체중계, 운동화……. 이런 제품을 만드는 회사가 있다면 무슨 업종이라고 해야 할까? 정보기술(IT) 회사도 아니고 그렇다고 가전 메이커라고 보기도 어렵고, 체육용품 회사는 더더욱 아니고……. 요즘 뜨거운 화제가 되고 있는 '대륙의 실수' 돌풍의 주역 샤오미 이야기다.

대륙의 실력

샤오미의 영역은 끝이 없다. 2015년 초 샤오미의 창립 멤버 중 한 명인 류더(劉德) 부총재가 윈난(雲南) 성 쿤밍(昆明)을 찾았다. 평범한 차림의 그가 간 곳은 농업기술원 화훼연구소. '인터넷플러스(+)* 화훼단지' 협약을 체결하기 위해서다. 중국 언론을 통해 흘러나온 류 부총재의 셈법은 이렇다.

"농업도 이젠 스마트 시대다. 3년 안에 10ha(3만 평) 규모의 '스마트 온실(智能溫室)'을 만들 계획이다. 온도·습도·화초의 성장 등을 휴대전화로 체크한다. 연간 약 2000만 그루의 꽃과 분재를 생산할 계획이다. 2억 위안(약 350억 원)의 매출, 자신 있다."

이제 '샤오미 장미꽃'마저 나올 판이다. 그런가 하면 유명 운동화 브랜드인 리닝(Lining)과는 '스마트 운동화'를 만든다. 운동화 바닥에 칩을 달아 발의 피로 상황을 체크할 수 있고, 최적의 운동량을 산출하는 기능도 갖추고 있다. 이 정도면 '스마트'를 갖고 논다는 표현이 어울린다.

휴대용 배터리, 이어폰 등을 만들 때까지만 해도 '스마트폰 주변 기기를 만들겠지⋯⋯' 하는 게 업계 반응이었다. 그러나 수면 상태에 따라 바람의 세기를 조절해주는 에어컨, 휴대전화로 수질을 실시간 점검하는 정수기 등이 나오면서 보다 큰 그림이 숨어 있다는 걸 눈치챘다. 창업자 레이쥔(雷軍)은 이를 '샤오미 생태계'라고 표현한다.

인터넷플러스 　인터넷플러스(internet plus)는 모든 전자 기기에 인터넷을 더한다는 뜻이다. 2015년 3월 리커창 총리가 전국인민대표대회에서 발표한 정부보고에서 처음 언급했다. 모바일 인터넷, 빅데이터, 사물인터넷(IoT), 클라우드 컴퓨팅 등을 제조업과 융합해 전자상거래, 인터넷 금융 등을 발전시키고 중국 인터넷 기업이 글로벌 시장에서 입지를 다질 수 있도록 하자는 전략이다.

'도대체 샤오미는 어디로 가려는 걸까?' 이 문제는 아주 중요하다. 왜냐하면 중국 산업의 미래를 보여주기 때문이다.

중국은 민간이 하는 걸 가만히 보고 있다가, 맞다 싶으면 국가 정책으로 받아들인다. 1979년 안후이(安徽) 성 펑양(鳳陽)의 한 마을에서 시작된 '가정 책임 생산'이 전체 농업의 사영(私營) 개혁으로 이어졌듯 말이다. 지금도 다르지 않다. 리커창 총리는 '인터넷+'를 얘기한다. '대중창업 만중창신(大衆創業 萬衆創新)'이라며 창업과 혁신을 강조하기도 했다. 샤오미, 알리바바 등 혁신기업의 발전 모델을 국가 산업정책으로 흡수하겠다는 선언이다. 제조업 선진화 방안을 담은 '중국 제조 2025*'는 그 연장선이다.

샤오미의 실체를 물어야 하는 또 다른 이유는 중국 산업구조의 변화를 읽을 수 있기 때문이다. 앞에서도 지적했지만 중국 산업은 크게 국유사이드와 민영사이드로 양분된다. 중후장대형 산업은 국유기업이 장악하고 있고, 경공업·IT·부동산개발 등에는 민영기업이 포진해 있다. 샤오미의 성공은 '민영의 시대'가 오고 있음을 뜻한다.

중국 제조 2025 　 2015년 3월 리커창 총리가 전인대 정부 업무보고에서 제기한 중국 제조업 혁신 방안이다. 전 세계적으로 추진되는 '스마트 제조'의 중국판이다. 중국은 세계 제조업 구도를 3개 그룹으로 나눠 본다. 제1 강국은 미국, 제2그룹은 일본과 독일, 제3그룹은 영국, 프랑스, 한국 등이다. 중국도 제3그룹에 속했다. '중국 제조 2025'는 중국이 2025년쯤 제3그룹에서 벗어나 일본과 독일이 있는 제2그룹으로 올라간다는 목표를 설정했다. 중화인민공화국 설립 100주년이 되는 2049년에는 미국과 같은 반열에 오르겠다는 포부다. 보고서는 이를 위한 핵심 산업을 선정하고, 육성 전략을 제시하였다.

중국의 경제성장률이 둔화되자 일각에서는 여지없이 '하드랜딩(경착륙)'을 주장한다. 그러나 이는 공급과잉, 지방정부 부채 등으로 신음하는 국유사이드만 보아서 비롯된 단견이다. 샤오미, 알리바바, 화웨이, 징둥 등 수많은 혁신형 기업이 활약하는 민영사이드는 전혀 다르다. 그곳엔 지금 비 온 뒤 죽순이 자라나듯 창업 열풍이 불고 있다.

중국 경제가 곧 부서질 거라고? 노(No), 그게 샤오미의 대답이다.

중국의 모든 것이 한국과 직결된다. 애당초 잘나가던 갤럭시의 발목을 잡은 게 바로 샤오미였다. 샤오미 돌풍으로 중국 휴대전화 시장이 중저가 중심으로 재편되자 삼성은 시장을 내놔야 했다. 불과 몇 년 전만 해도 우리는 샤오미를 '짝퉁'이라고 치부했다. 삼성이 위기에 직면한 건 그 돌풍을 외면했기 때문이다. 이제 우리는 진지하게 물어야 한다. 샤오미, 넌 도대체 누구냐? 어디로 가려는 것이냐? 그 답을 알아야 올바른 길을 찾을 수 있다.

갤럭시가 샤오미에 밀린 이유

갤럭시가 샤오미에 밀렸다. 개발 과정에 소비자를 직접 참여시킨 점, 판매를 인터넷으로 하는 유통 방식, 편리한 사용자 인터페이스 등 이유는 많다. 그러나 그게 다는 아니다. 갤럭시가 샤오미에 당한 보다 근본적인 이유는 따로 있다.

| 도시 지역 가구 소득 분포 |

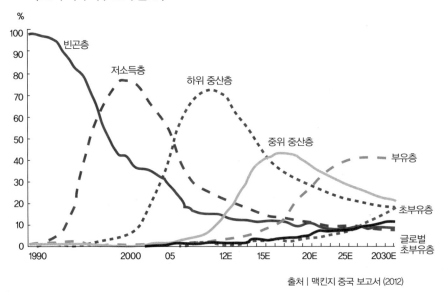

%

100
90
80
70
60
50
40
30
20
10
0

빈곤층

저소득층

하위 중산층

중위 중산층

부유층

초부유층

글로벌
초부유층

1990   2000   05   12E   15E   20E   25E   2030E

출처 | 맥킨지 중국 보고서 (2012)

핵심은 소득 구조의 변화다. 다음 그래프는 중국 도시지역의 가구 소득 분포로 1990년부터 소득 계층별 분포가 어찌 변했는지 보여 준다. 경영컨설팅 회사인 맥킨지가 2012년 만든 자료다.

1990년을 보면 '빈곤층(연간 가구 가처분소득 2만8000위안·약 470만 원 이하)'이 거의 100%에 육박한다. 그만큼 소득이 낮았다. 하지만 성장 하면서 많은 이가 가난에서 탈출했다. 1990년대 중반부터 '빈곤층' 은 줄어들고, '저소득층(2만8000~4만5000위안·약 470만~760만 원)'은 빠 르게 늘어났다. 1990년대 10년간 벌어진 일이다. 2000년대에 들어 서면서 중산층이 부풀어올랐다. 2000년대 초부터 급증하기 시작한 '하위 중산층(4만5000~7만9000위안·약 760만~1340만 원)'은 2010년쯤 피크를 이룬다. 2000년 이후 10여 년 동안 한 달 약 7000위안(약 100만 원)을 쓰는 가구가 폭발적으로 늘어났다는 의미다.

지금은 '중위 중산층(7만9000~11만4000위안·약 1340만~1940만 원)'이 급증하는 시기다. 그래프에서 보듯 '하위 중산층'은 2010년 정점을 찍고 내려오고 있고, 대신 '중위 중산층'이 큰 파도를 이루며 올라가고 있다. 이는 중국 도시지역에서 한 달 약 9000위안(약 150만 원)을 쓰는 가구가 급속하게 늘어나고 있다는 얘기다. 중국 소비시장의 현주소를 알 수 있는 대목이다.

샤오미 가격은 갤럭시에 비해 절반 정도에 불과하다. 갤럭시가 고급 소비자를 겨냥한 것이라면 샤오미는 그보다 한두 단계 아래 소비자가 표적이다. 그 시장이 바로 중산층이다. 거대한 물결을 이루며 부풀어오르는 중산층이 샤오미를 받아준 것이다. 그에 비해 갤럭시의 목표 소비층은 그래프에 나타난 '부유층'과 '초부유층'이다. 물론 전체 가구 중 이들이 약 5%를 차지하니 이 숫자도 무시할 수 없다. 그러나 지금 소비시장의 주력은 중산층이다.

"일찌감치 감지했습니다. 베이징에 있는 우리 회사 현지 직원 사이에 갤럭시 쓰는 사람이 눈에 띄게 줄어들고 샤오미가 크게 늘었어요. '샤오미 써보니까 좋다'는 얘기를 많이 하더군요. 그걸 삼성만 못 보고, 못 들었던 겁니다. 당연히 삼성도 중산층을 겨냥한 보급형 제품을 내놨어야 했습니다. 최소한 개발이라도 해놨다가 지금 시장에 풀었더라면 이 정도로 당하지는 않았을 겁니다. 삼성이 부랴부랴

보급형 제품을 개발한다고 하지만, 시장은 이미 확 꺾여버렸어요. 아마 따라잡기 쉽지 않을 겁니다. 샤오미가 갤럭시 못지않다는 것을 소비자가 알아버렸거든요. 그것도 반값에 말입니다."

베이징에 거주하는 한 상사원의 말이다. 그가 말하는 '우리 회사 현지 직원'이 바로 중산층 가구의 자녀들, 즉 중국에서 벌어지는 소비 혁명의 주체다.

스티브 잡스를
닮고 싶었던
청년

1990년 여름 후베이(湖北) 출신 약관의 레이쥔(雷軍)은 친구 세 명과 산써(三色·SUNSIR)를 창업했다. 빨강·노랑·파랑 삼원색이 어울려 모든 색을 만들 듯이 그런 신세계를 꿈꿨다. 동업한 4명은 무일푼이었고 투자자도 없었다. 레이쥔이 첫 계약을 따내며 수천 위안을 벌었다. 그것이 시작이었다. 모교였던 우한(武漢)대학 근처 허름한 호텔을 빌려 사무실로 이용했다. 낮에는 마케팅, 밤에는 개발에 매진했다. 4명 모두 밤에도 기숙사로 돌아갈 줄 모른 채 사무실에서 쪽잠을 잤다. 첫 제품으로 중국어를 구현하는 PC카드를 제작했다. 그런데 며칠 뒤 기술을 도용당하고 말았다. 값싼 복제품이 쏟아졌다. 레이쥔은 한 푼도 벌지 못한 채 훗날을 기약하며 회사를 떠났다.

1992년 레이쥔은 베이징으로 상경하여 진산(金山·킹소프트) 경영진에 합류했다. 진산은 중국 소프트웨어의 선도적 기업으로 핵심 상품은 워드프로세스였다. 1996년 마이크로소프트가 중국 시장에 진출해 오피스(Office) 중문판을 출시했다. '앞에는 MS, 뒤에는 불법 복제'의 협공에 빠졌다. 27세의 레이쥔은 워드프로세서를 고집했다. 그는 진산이 만든 츠바(詞霸·전자사전 프로그램), 두바(毒霸·백신 프로그램), 게임에서 번 돈을 몽땅 쏟아부었다.

이후 레이쥔은 이렇게 고백한다.

"1998년 텅쉰이 나오고, 1999년 리옌훙(李彦宏)이 바이두를 만들었으며 1999년 말에는 알리바바가 태어났다. 우리는 워드프로세서만 고집했다. 인터넷의 전모를 잘못 이해한 것이다."

진산은 2007년 뒤늦게 상장에 성공했다. 하지만 레이쥔은 건강을 이유로 돌연 은퇴를 선언하며 이렇게 말했다.

"양심의 가책을 느꼈다. '만일 워드프로세서를 고집하지 않았더라면'이란 문제를 놓고 복기를 거듭했다."

2010년 불혹을 넘긴 레이쥔은 새 출발을 선언했다. 소프트웨어 업계에서 잔뼈가 굵은 그는 인터넷과 휴대전화에서 미래를 봤다. 휴대전화가 컴퓨터화, 인터넷화, 올인원(All-in-one) 추세로 갈 것이라고 예측했다. 즉, 휴대전화가 기존 전자제품과 달리 감정을 가진 인격화된 기계가 될 것이라고 내다봤다. 그는 뜻을 같이할 7인의 전사를 모으고 외부 투자금도 확보했다. 샤오미의 로고 'MI'는 Mobile Internet의 약자다. 'Mission Impossible'의 줄임말이기도 하다. 끝없이 불가능에 도전하겠다는 뜻이다. 로고를 뒤집으면 마음 심(心)

자를 뒤집어놓은 모양이다. 마음 심 자에서 점이 하나 없다. 이용자에게 불편함을 덜어주고자 점 하나를 뺐다. 고객 지상주의가 샤오미의 철학이다.

창업 초 1년 반 동안 레이쥔은 자신의 이름을 숨겼다. 모든 인터뷰를 거절한 채 제품의 품질 향상에만 모든 정력을 쏟아부었다. 첫 실적은 부끄러울 만큼 참담했다. 첫 2개월 동안 이용자 100명을 확보하는 데 그쳤다.

100명을 감격시키기 위해 고객 이름을 회사 컴퓨터 시작화면에 적어넣고 회사 주소록에 추가했다. 광고비도 쓰지 않고, 영업망도 두지 않았다. 준비한 수량만 특정 시간에 온라인으로 판매했다. 대신 레이쥔은 제품과 고객에게 심혈을 기울였다. 사용자와 소통하는 데 모든 것을 걸었다.

기적이 일어났다. 고객이 첫 주 100명, 둘째 주 200명, 셋째 주 400명, 다섯째 주 800명으로 늘었다. 2013년 샤오미는 휴대전화 1870만 대를 판매했다. 전년 대비 160% 증가한 수치였다. 12월 한 달 동안 322만 5000대를 팔았다. 2014년 판매 목표는 4000만 대였다.

샤오미가 성공한 이후 레이쥔은 이렇게 소감을 말했다.

"나는 많은 일을 겪었다. 총명한 데다 부지런하기까지 하면 천하무적이다. 마흔이 되어 깨달은 것은 1%의 영감이 99%의 땀을 능가한다는 사실이다. 주류 교육은 모두 부지런해야 한다고 가르친다. 근면은 기본이다. 핵심은 대세를 파악하는 데 있다."

구글의 안드로이드 사단을 지휘했던 휴고 바라가 2013년 구글을 떠나 샤오미에 합류했다. 그는 "돼지도 하늘을 날게 만들 수 있는 태풍이 지금 중국에 불고 있다"고 말했다. 샤오미가 꿈꾸는 모바일 차이나가 미래형이 아닌 현재진행형이라는 요지였다.

레이쥔과 휴고 바라 콤비는 새로운 드라마를 준비했다. 스티브 잡스는 세상을 떠났다. 패스트 팔로어(fast follower)의 시대도 끝나간다. 제2의 스티브 잡스를 꿈꿨던 20대 레이쥔도 더 이상 없다. 레이쥔은 홍콩《봉황망》과 인터뷰하면서 이렇게 말했다.

"나는 레이잡스라는 별명이 싫다. 샤오미는 이미 애플·구글·아마존을 합한 회사가 됐다."

화웨이 현상

"삼성전자의 미래 최대 경쟁자는 애플도, 구글도 아닌 중국 화웨이다."

2013년 6월 《중앙일보》가 보도한 화웨이 관련기사는 이렇게 시작된다. 그로부터 3년, 화웨이는 삼성전자를 여러 면에서 위협하고 있다.

화웨이의 성장세가 무섭다. 1988년 광둥 성 선전(深圳)의 모래밭에서 설립한 이 회사는 2012년 에릭슨을 제치고 세계 최대의 통신 기업으로 등장했다. 스마트폰 시장에서도 삼성, 애플 등과 어깨를 나란히 하고 경쟁하고 있다. 140여 개 나라 시장에 거점을 둔 중국의 진정한 다국적기업이기도 하다. 무엇이 오늘의 화웨이를 만든 것일까?

마오쩌둥의 철학과 거스너의 기업

화웨이의 설립자이자 최고 의사결정자인 런정페이(任正非) 회장은 존경하는 인물로 혁명가 마오쩌둥(毛澤東)과 IBM의 전 CEO 루 거스너를 꼽는다. 군 출신인 그는 이들에게서 경영 기법을 배웠다. 결국 마오쩌둥과 거스너가 화웨이의 성장 비밀을 풀어줄 키워드인 셈이다.

런정페이 회장은 마오쩌둥에게서 '자력갱생(自力更生)'을 배웠다. 이는 회사 경영 이념을 담은 〈화웨이 기본법(基本法)〉에 '매출의 10% 이상을 연구개발(R&D)에 투자한다'는 조항과 일맥상통한다. 연구개발에 투자하여 기술적으로 자립하겠다는 선언이다. 이 원칙은 지금도 흔들림 없이 지키고 있다. 전체 직원 1만1000명 중 약

마오쩌둥

45.3%가 연구개발 인력이다.

1980년대 말 중국 기업은 대부분 외국 기업과 합작하는 방식으로 기술을 습득했다. 당시 중국 통신장비 시장을 주도한 상하이벨 역시 프랑스 알카텔과 합작한 회사였다. 그러나 화웨이는 달랐다. 외국 제품을 뜯어보고, 모방하고, 현지화하는 방식을 택했다. 그 과정을 거쳐 1990년 첫 전화교환기(스위치)를 개발했고, 품목을 늘려갔다. 당시 500명의 직원 중 300명이 연구개발 인력이었다. 지금은 IBM, 지멘스, 모토로라 등과 동등한 지격으로 기술을 나눈 정도로 발전했다.

'농촌으로 도시를 포위한다(農村包圍城市)'는 마오쩌둥의 '병법'은 화웨이의 시장공략에 그대로 적용됐다. 상하이벨, 에릭슨 등 외자기업이 장악한 대도시 시장을 피하고, 중소 도시를 먼저 공략했다. 해외 시장 진출도 마찬가지였다. 1996년 해외 영업에 나선 화웨이는 러시아, 태국, 브라질, 남아공 등의 순서로 시장을 넓혀갔다. 선진국 시장은 네덜란드와 독일에 지사를 설립한 2001년에 이뤄졌다. 주변에서 힘을 기른 뒤 핵심을 파고드는 전략이었다.

'마오쩌둥'은 국가의 상징이기도 하다. 다시 말해 화웨이의 성장 뒤에는 국가의 특혜성 지원이 있었다. 홍콩의 《파이스턴 이코노믹 리뷰》(2001년 1월)에 따르면 화웨이는 1993년 자사 라우터(네트워크 장비)의 인민해방군 공급권을 따냈고, 이를 계기로 성장의 발판을 마련했다. 해외 진출 과정에서 국가가 총알(자금)을 보급해주었다. 2004년에는 국가개발은행이 100억 달러, 수출입은행이 6억 달

화웨이 회장 런정페이

러를 지원했다. 국가개발은행이 화웨이 제품 수입용으로 나이지리아에 200억 달러를 대출해주는 방식이었다. 그 덕분에 화웨이가 경쟁사보다 가격을 최고 70% 이상 깎을 수 있었다고 《뉴스위크》(2006년 1월 6일 자)가 보도했다.

미국은 화웨이를 간판만 사영기업일 뿐 내실은 국가의 정책에 따라 움직이는 '통신 스파이 기업'이라고 보고 경계한다. 2008년 미국 의회는 화웨이가 미국 3com사를 인수하려 할 때 이를 저지했다. 자국의 통신비밀이 중국으로 넘어갈 수 있다고 우려했기 때문이다.

여러 악조건 속에서도 화웨이가 쟁쟁한 경쟁사를 물리치고 서방 시장을 뚫을 수 있었던 비결은 '거스너'로 상징되는 외국 컨설팅업체와 협력했기 때문이다. 자력갱생 전략을 추진한 기술 분야와 달리 경영·관리 분야는 IBM 등 최고 외국 컨설팅업체에 배웠다. 인력관리 분야는 헤이(Hey)그룹, 자금관리는 IBM과 KPMG, 고객관리는

PWC 등과 컨설팅 협약을 체결했다. 지금도 베이징 사무실에는 70여 명의 IBM 직원이 함께 일하고 있다. '마오쩌둥과 거스너'라는 중체서용(中體西用)식 경영이 화웨이를 초일류 기업으로 성장시킨 셈이다. 이 모든 게 사영기업이었기에 가능했다. 대주주인 정부의 간섭을 받는 다른 국유기업과 달리 화웨이는 국가 지분이 없기 때문에 정부 개입에서 비교적 자유롭다. 지원은 하되 경영은 관여하지 않는 국가-기업의 관계다. 이는 중국 기업의 새로운 국제화 모델이기도 하다

규칙 제정자

2014년 12월 화웨이 캠퍼스 투어를 위해 중국 선전의 화웨이 본사에 도착했을 때 정장을 말쑥하게 차려 입은 직원들이 필자를 맞이했다. 캠퍼스 내 'ICT 솔루션 전시관'에서는 4세대(4G), 5세대(5G) LTE, 사물인터넷(IoT), 클라우딩 컴퓨터용 서버와 기업용 네트워크 서버, 스마트폰 단말기까지 '화웨이 기술 발전사'를 전시하고 있었다. 화웨이의 야심이 그대로 드러난 것이다. 그 야심이 향하는 곳이 바로 5G였다. 4G LTE보다 1000배 빠른 5G 이동통신 서비스의 '표준'이 되겠다는 포부였다. 2020년 상용화를 목표로 향후 5년간 6억 달러를 투자한다는 계획이었다.

조 켈리 화웨이 부사장(영국인)은 인터뷰에서 이렇게 말했다.

"2세대(2G) 때 화웨이는 추종자(follower)였습니다. 3G에서는 경쟁자(competitor)로, 4G에서는 주도 그룹(leading group)으로 올라섰지요. 5G 단계에서는 규칙 제정자(rule setter)가 될 겁니다"

그는 자신이 중국 경제성장 궤적을 말하고 있다는 걸 알고 있을까? 중국 경제의 성장이 그랬다. 개혁개방과 함께 열심히 추격전을 펼치더니 2000년대 들어 경쟁자로, 2008년 세계 금융위기 이후에는 리딩그룹에서 뛰고 있다. 앞으로는 규칙 제정자가 되겠다는 포부를 감추지 않았다. 외교를 보면 더 선명하다. 미국에 '신형 대국관계'를 제시하며 글로벌 전략을 저울질하고, 주변국에는 포용을 내걸며 중화질서의 복원을 꿈꾼다.

화웨이 자신감의 근거는 장비와 서비스를 아우르는 생태계다. 네트워크 통신과 관련된 기업간거래(B2B) 제품과 소비자를 대상으로 한 스마트폰 등 기업소비자간거래(B2C) 제품을 모두 생산한다. 모든 종류의 통신 설비와 단말기를 유기적으로 연결할 수 있다. 이른바 '파이프 전략(Pipe Strategy)'이다. 첨단 네트워크로 서로 다른 무선기기를 연결하고 4G와 5G, 와이파이까지 여러 세대를 아우르는 하나의 솔루션을 만드는 것이다. '삼성전자의 미래 최대 경쟁자는 화웨이가 될 것'이라는 《중앙일보》의 전망은 안타깝게도 너무나 일찍 현실화되고 있다.

DJI의 고공 비행

2015년 4월 중국의 드론(무인기)제조사 '다장촹신(大疆創新 · DJI)은 뉴욕, 런던, 뮌헨에서 동시에 'DJI 라이브' 행사를 열었다. 신제품 '팬텀3'를 소개하는 행사였다. '팬텀3'는 4K UHD급 초고화질 동영상의 스트리밍 촬영이 가능한 최신형 드론이다. 세계 드론 시장의 70%를 점유하는 '드론계의 애플' DJI의 또 다른 혁신이 시작됐다.

팬텀3의 무게는 1.28kg다. 4K 초고화질 동영상 카메라를 처음 장착한 2.935kg의 인스파이어 모델을 출시한 지 5개월 만에 무게와 가격을 모두 3분의 1로 줄였다. 사용법도 쉽고 위성위치확인시스템(GPS)이 내장돼 있다. GPS 신호가 닿지 않는 실내에서는 센서가 작동해 충돌을 방지했다. 홈 버튼을 누르면 GPS 신호를 이용해 출발한 장소로 되돌아온다. 카메라 거치대에 모터가 달려 있고 앵글을 원격으로 조종할 수 있다. 드론과 카메라 앵글을 각각 다른 사람이 조작하는 기능도 추가했다. 성능에 비해 가격은 파격적이다. 팬텀3 기본형 모델이 999달러(109만 원)에 불과하다.

이러다 보니 전 세계 투자업계의 이목이 지금 DJI로 쏠리고 있다.

중국이 연 드론 춘추전국시대

DJI는 1930년대 상용항공기 제작사인 보잉사와 비교된다. DJI 이전의 민간 드론은 애호가들의 기호품에 불과했지만 그들이 드론 비즈니스 시장을 개척했다. 농산물 작황 탐지, 대기 연구, 광물 탐사, 인터넷 보급 기능까지 언제 어디에서나 드론이 존재하는 드론 유비쿼터스 시대가 열릴 것이라는 전망을 하게 한 주인공이다. 미국의 정보통신 전문 연구기관인 윈터그린은 2021년 세계 민간 드론 시장이 50억 달러(5조4640억 원) 규모로 커질 것이라고 전망했다.

글로벌 벤처 캐피털의 자금 흐름도 빠르게 변하고 있다. 보잉사와 GE에서 시작해 퀄컴에 투자했던 자금이 지금은 드론 제조사로 향하고 있다. '롱테일 경제학', '메이커스(혁신 창업가)' 등의 신조어를 창안한 크리스 앤더슨이 세운 드론 제조사 3D 로보틱스는 5000만 달러(546억 원)를 유치하기도 했다.

미국 실리콘밸리의 창투사들은 지금 DJI가 첫 외부 투자금 조달을 원한다는 소문에, 알리바바에 이은 또 다른 잭팟을 기대하며 흥분하고 있다. DJI는 확인을 거부했지만 2014년 매출은 5억 달러(5500억원)로 추산되었다. 2013년 매출액(1억3000만 달러) 대비 385% 성장했다. 2015년에는 매출 10억 달러를 넘어 빌리언달러 클럽에 입성한 첫 드론 제조사가 된 것으로 알려지고 있다.

중국 안팎에서는 DJI를 노린 경쟁사들이 우후죽순처럼 나타났다. DJI는 기술적 우위로 이들을 제압한다는 전략을 세웠다. DJI가 보유한 수천만 시간이 넘는 비행시간 데이터는 신생 업체가 쉽게 확보하기 어려운 자산이다. 미국의 군사용 드론 제조사들이 DJI를 물리치고 민간 드론 시장을 장악할 것이라는 주장도 나왔지만 DJI는 "그들은 신형 모델 생산에 5~6년이나 걸린다. 우리는 5~6개월이면 충분하다"고 대꾸하며 콧방귀를 뀌었다.

실제로 DJI는 5개월 주기로 혁신 제품을 출시해왔다.

드론은 중국이 첨단 영역에서 더 이상 팔로어가 아닌 리더가 될 수 있다는 인식을 심어줬다. DJI의 성공 신화는 중국 촹커 군단의 사기를 진작했다. 최근 드론계의 다크호스로 떠오른 광저우(廣州)의 이항(億航)지능기술유한공사가 대표주자다.

이항은 2014년 4월에 설립됐다. 첫 투자 로드쇼에서 중국 온라인 교육업체인 신둥팡(新東方)의 에인절투자가 쉬샤오핑(徐小平)과 벤처투자의 달인 양닝(楊寧)의 투자금을 유치했다. 창사한 지 반년도 되지 않아 1000만 달러 규모의 자금 유치에 성공했다. 4~5명이던 직원이 80명으로 늘었다.

이항은 마이크로소프트의 구애도 받았다. 2014년 1월 베이징에서 열린 제6회 마이크로소프트 벤처 인큐베이팅 프로젝트에서 입선했다. 베이징에서 사용할 수 있는 '6개월 무료 사무실 이용권'을 부상으로 받았다. 2015년 초 이항은 실리콘밸리에 미국 사무소를 개설했다. 이항의 주력 제품은 고스트(Ghost) 시리즈 쿼드콥터다. 조종이 무척 쉬워 드론 시장에서 '똑딱이 드론'으로 불린다.

샤오미도 드론 시장에 뛰어들 기세다. 최근 플라이미(Fly-me)란 드론 개발팀을 인수했다는 소식이 중국 IT업계에 돌았다. 샤오미는 초저가 드론으로 시장을 장악하겠다는 전략을 세운 것으로 전해진다. 드론 춘추전국시대의 막이 올랐다는 의미다.

최근 중국 시사지 《남도주간》은 '4차 비행혁명'이란 커버스토리를 실었다. 100여 년 전 라이트 형제가 비행기를 발명하면서 1차 비행혁명이 시작됐다. 제트엔진이 보급되면서 인류는 지구상에서 물리적 거리가 사라지는 2차 비행혁명을 경험했다. 3차 혁명은 개인전용기의 보급이다. 4차는 드론이 이끌고 있다. 군사, 엔지니어 영역에서 시작된 드론은 사진가와 방송관계자는 물론 마니아층의 폭발적 호응을 받고 있다. 집단지성과 혁신, 인터넷 정신과 결합한 드론이 펼칠 4차 비행혁명이 인류를 어떤 신세계로 이끌지 아직 상상하기는 이르다.

홍콩과 대륙이
함께 키운
드론의 아버지

2014년 5월 홍콩특별행정구의 렁춘잉(梁振英) 행정장관은 공무원 80여 명과 함께 DJI 창업자 왕타오(汪滔)를 만났다. 렁춘잉 장관은 자신의 페이스북에 왕타오를 "홍콩이 키워낸 젊은 과학기술 기업가"라고 평가했다.

왕타오는 1980년 중국 항저우(杭州)에서 태어나 어린 시절 선전(深圳)으로 이주했다. 2006년 홍콩과학기술대학를 졸업하고 2011년 석사학위를 받았다. 대학 시절 로봇 제작에 심취했던 왕타오는 훗날 리쩌샹(李澤湘) 홍콩과학기술대학 교수의 협조를 받아 창업의 꿈을 이뤘다. 렁춘잉 장관은 "홍콩은 늘 산·관·학 연구를 말해왔지만 정작 왕타오는 선전 시의 정책적 지원을 받았다"며 "홍콩은 우수한 DNA, 양호한 연구개발 능력이 있는데도 홍콩 정부의 적극적 역할이 부족했다"고 개탄했다.

렁춘잉 장관이 지적한 것처럼 왕타오는 홍콩과학기술대학을 졸업한 직후인 2006년 중국 선전으로 돌아가 드론 제조 기업을 세웠다. 몇 명이 만든 이 회사는 10년도 되지 않아 직원 2500명, 빌리언달러 클럽을 넘보는 기업으로 성장했다. 왕타오가 홍콩을 버리고 선전으로 간 이유는 인재 때문이었다. 혁신 정보통신(IT) 기업은 인재가 필요한데 홍콩은 인구가 적었다. 사회 분위기도 영향이 컸다. IT 기업이 발전하려면 인재 유인책이 필요했다.

2006년 홍콩과학기술대학 대학원생이던 왕타오는 파트너 몇몇과 선전에서 일반 주택을 빌려 연구개발을 시작했다. 그는 홍콩《명보》기자에게 "IT업은 인재 산업이다. 인재는 최고급 인재와 기초형 인재로 나뉜다. 둘의 이상적 비율은 대략 1대 5"라고 말했다. 왕타오가 생각하는 최고급 인재는 100명 중 한 명 비율로 나오는 공학박사 혹은 석사졸업생을 말한다. 기초형 인재는 10명 중 한 명꼴인 대졸 학력으로 실무 경력을 가진 공학도다. "제품 연구개발에는 최고급 인재가 신기술을 개발하는 것뿐만 아니라 기초형 인재가 개발을 지원해야 한다"는 것이 왕타오의 지론이다.

당시 왕타오는 선전을 창업지로 선택한 이유 중 하나는 홍콩의 비싼 인건비를 감당할 수 없어서였다. 왕타오는 "투자은행 같은 고소득 직장을 포기하라고 우수 인재를 설득할 수 없었다"고 회고한다. "홍콩에서 가장 총명한 학생은 모두 법학, 의학, 금융을 전공한다. 과학기술, 공학과 같이 최고급 인재가 필요한 분야에서는 우수 학생을 찾을 수 없었다." 그러니 IT 분야에서 좋은 일자리가 나오지 못했다. 홍콩은 기초형 인재도 부족했다. 홍콩 출신이 홀로 창업하는 것도 무척 어렵다.

왕타오의 동문 대다수는 금융, 마케팅으로 진로를 바꿨거나 미국으로 연수를 떠났다. 한국의 현재 상황과 크게 다르지 않다.

홍콩에는 국제적으로 지명도 높은 대학이 많지만 현실 경험을 제공할 산업 체인과 혁신형 기업이 없다. 이 때문에 대학이 세계의 우수 학생을 유치하더라도 이들이 졸업 후 뿌리내릴 방법이 없다. 하지만 선전은 정반대다. 대학의 교육 환경은 홍콩보다 뒤처지지만 대신 기업이 전국 각지의 우수한 인재를 불러모으는 데 성공했다. 중국의 14억 인구는 최고급 인재의 숫자를 보증하는 든든한 배경이다. 현재 선전의 가오신(高新)기술구에서 근무하는 직원 가운데 현지인 비율은 5% 미만이다. 하지만 중국의 모든 최우수 엔지니어가 한데 모여 선전의 확대 발전을 촉진하고 있다.

대신 홍콩은 깨끗하고 투명한 법제도를 갖췄다. 기업 기밀 유출이나 구매 리베이트와 같은 경영상의 문제가 발생했을 때 해결이 유리하다. 왕타오는 홍콩과 인접한 샤톈(沙田)과학원에 약 2000m² 넓이의 사무실을 확보해 홍콩과 선선의 장점을 모두 취했다.

왕타오의 창업과정은 한국 IT 벤처분야 창업환경에도 많은 걸 시사한다.

중국 IT의 내비게이션 디디다처

스티브 잡스의 아이폰은 중국으로 건너와 레이쥔의 샤오미를 만들었다. 온라인 쇼핑몰 이베이는 중국에서 마윈의 타오바오가 됐다. 트래비스 칼라닉이 2009년 창업한 우버(Uber) 역시 중국에서 새롭게 변신했다. 14억 중국인의 생활필수품이 된 모바일 택시 앱 디디다처(滴滴打車)가 그 주인공이다.

베이징에서 샤오쥐커지(小桔科技·Small Orange Beijing Technology·이하 디디다처)라는 회사를 모르는 사람은 많다. 하지만 이 회사의 주력제품인 디디다처를 모르는 사람은 거의 없다. 창업자 청웨이(程維)는 "한 달에 한 번 이상 택시 기사와 소통한다. 부서마다 택시 기사를 초대해 업무 교류를 하고 있다"고 말한다. 그는 어떤 꿈을 키워가고 있을까.

마윈키드

디디다처를 만든 청웨이는 1983년 장시(江西) 성 동북부에 위치한 상라오(上饒) 시에서 태어났다. 2005년 베이징화공대학을 졸업한 뒤 알리바바그룹에 입사하여 알리바바의 기업간거래(B2B)를 담당하는 자회사에서 영업을 맡았다. 이후 능력을 인정받아 알리바바 창립 이래 최연소 부문 매니저로 승진했다. 청웨이는 6년 동안 인터넷 제품을 일선에서 판매했다. 고객사를 직접 방문하여 마케팅 능력을 착실히 쌓은 그는 2011년 알리바바의 모바일 지불 서비스인 즈푸바오(支付寶 · 알리페이)의 기업소비자간거래(B2C) 부총경리로 승진했다. 마케팅뿐만 아니라 인터넷 운영까지 시야를 넓혔다. 청웨이는 이때 모바일 지불시장의 무한한 발전 가능성을 발견한다. 2012년 6월 알리바바에 사표를 던지고 "14억 중국인을 위해 낡은 교통 시스템을 변혁하겠다"는 목표로 디디다처를 세웠다.

당시 택시앱은 중국뿐 아니라 세계적으로도 낯선 서비스였다. 청웨이의 지인들은 모두 미래를 비관했다. 모바일 인터넷회사를 자처한 디디다처는 창업 3개월 만에 디디다처를 출시했다. 대부분의 택시 기사가 스마트폰을 사용하지 않던 시절이었다. 창업 초 청웨이는 역발상 전략을 세워 오프라인을 먼저 공략했다. 직원이 현장에 가서 택시기사를 직접 만나 기사용 단말기를 보급했다. 일군의 디디다처 기사 대오를 갖추자 곧이어 고객용 택시앱을 출시했다. 동시에 공격적인 광고도 시작했다.

이런 청웨이의 행보에 벤처투자사가 주목하더니 2012년 진사장 (金沙江) 창투사가 300만 달러(33억 원)를 투자했다. 청웨이는 이를 기반으로 2013년 도약할 준비를 했다. 2014년 4월 텅쉰 그룹이 1500만 달러(165억 원)를 투자했다. 이 투자는 즈푸바오 부총경리 출신의 청웨이와 웨이신즈푸(微信支付 · 텅쉰의 지불결제대행 서비스인 텐페이)의 전략적 협력으로 이어졌다.

경쟁은 기업을 키운다. 중국 택시 앱업계에서 벌어진 보조금 전쟁은 이같은 경쟁의 속성을 잘 보여준다.

알리바바의 투자를 받은 '빨리빨리'란 의미의 콰이디다처(快的打車)와 디디다처의 보조금 전쟁은 2014년 연초를 달궜다. 디디다처가 쏟아 부은 보조금은 14억 위안(2450억 원)이었고 콰이디다처는 10억 위안(1750억 원)에 달했다. 보조금 전쟁은 소모전만은 아니었다. 그 사이 2200만 명이던 디디다처 사용자가 1억 명으로 폭증했다. 1월 10일 32개 도시에서 일평균 35만 건이던 예약이 2월 24일 120개 도시 316만 건으로 늘었고, 3월 28일에는 178개 도시 521만 건으로 급증했다. 이는 같은 기간 중국 최대 온라인 쇼핑몰

디디다처 창립자 청웨이

인 타오바오의 모바일 주문 건수보다 많은 수치였다. 이는 중국 모바일 시장의 발전 속도를 잘 보여주고 있다.

청웨이는 수치에만 매달리지 않았다. 14억 중국인의 외출방식을 바꿀 수 있다는 자신감을 얻었다. 의식주행(衣食住行)을 나눠볼 때, 의류업은 타오바오가 10여 년간 홍보했지만 온라인 구매 비율은 아직 5%에 머물렀다. 식품업의 온라인 구매 비율은 고작 1% 남짓이고, 주거 관련 온라인 활용 비율은 더더욱 낮았다. 하지만 이동수단에 해당하는 택시업계에서는 중국인이 택시를 잡는 횟수 중 30~50%가 택시앱을 통해 이뤄지고 있는 것으로 파악했다.

경쟁은 비즈니스를 키웠다. 보조금 전쟁에서 추출한 사용자 빅데이터는 디디다처가 배차 성공률 90%를 달성하는 기반이 됐다. 정제된 빅데이터와 디미(滴米·자체포인트) 누적 시스템을 갖춰 고객 만족도를 높였다. 모바일 지불 서비스를 생활화한 것은 부수효과였다.

텅쉰과 알리바바의 대리전이 된 디디다처와 콰이디다처의 보조금 전쟁에서 디디다처가 승리했다. 1년 사이에 디디다처의 시장점유율은 75%로 올랐다. 디디다처는 '친구 4명 중 3명은 디디 고객'을 광고카피로 내세우며 각인 효과를 노렸다. 중국 인터넷 트래픽 분석업체인 토킹 데이터(Talking Data)에 따르면 중국 택시앱 분야에서 디디다처 고객의 월간 앱사용 빈도는 콰이디다처의 두 배로 조사됐다. 보조금 전쟁 전인 2013년과 비교하면 2014년 10월 디디다처의 사용자 수는 688.1%, 같은 해 1월과 비교해도 166.1% 늘어났다. 앱 출시 2년 반 만에 사용자 수는 1억5000만 명으로 늘었다.

디디다처는 2014년 1월 중신(中信)산업펀드 6000만 달러, 텅쉰 3000만 달러, 기타 1000만 달러 등 총 1억 달러의 3차 투자금을 유치하는 데 성공했다. 2014년 12월에는 7억 달러(7576억 원)에 달하는 4차 투자를 유치했다. 싱가포르의 테마섹, 러시아 국제투자그룹인 DST, 텅쉰 등이 투자자로 참여했다. 2015년 디디다처의 투자 유치 총액은 8억1800만 달러(8964억 원)에 이르렀다. 중국의 인터넷 기업이 상장 전에 유치한 투자금 중 최대 기록이었다. 중국 산업계에 살아 있는 '경쟁'이 만든 결과다.

중국판 우버 디디콴처도 론칭

돈만 몰린 것이 아니었다. 2015년 IBM의 PC 부문을 인수한 레노버의 창업자 류촨즈(柳傳志)의 딸 류칭(柳青)이 골드만삭스 아태지역 전무직을 내던지고 디디다처의 최고운영책임자(COO)로 합류하여 이후 신설된 총재직에 올랐다. 청웨이와 류칭의 사무실은 유리벽을 사이에 두고 맞붙어 있다. 중국 최고급 알고리즘 전문가 등 800여 명의 기술진이 디디다처의 연구개발을 책임지고 있다.

청웨이는 2015년 8월에 두 번째 모험을 시작했다. 우버의 창업자 트래비스 칼라닉을 두 차례 만났는데 칼라닉이 디디다처 인수를 제안했다. 청웨이는 제안을 거절하고 우버와 유사한 기사를 포함한 비즈니스 전용차 렌털 서비스인 디디좐처(滴滴專車)를 론칭했다. 100억 위안(1조7000억 원) 규모로 추산되는 중국 렌터카 시장에서 새로운 전쟁을 시작했다. 경쟁사, 규제를 앞세운 정부, 기득권 침범을 우려한 택시업계로 전선이 넓어졌다. 디디좐처는 모바일 인터넷 기술을 활용해 승객과 기사 이름, 휴대폰 번호, 차량 번호, 승하차 위치 등을 투명하게 공개한다. 고객은 자신이 원하는 차량의 종류와 모델을 선택하고 제3자가 실시간으로 확인할 수 있다. 규격화한 정가, 서비스 관리 시스템, 보험배상 체계까지 갖췄다. 하지만 아직 디디좐처는 중국에서 '신분'이 모호하다.

그렇다면 이 문제에 대해 중국 정부는 어떤 입장일까. 2014년 10월 중국 국무원 교통운수부의 류샤오밍(劉小明) 운수국장이 디디다처 본사를 시찰했다. 청웨이와 류칭의 브리핑을 받은 류샤오밍 국장은 디디다처의 비즈니스 모델과 운영 방식에 큰 관심을 표명했다. 중국 정부는 택시와 관련해 "사람을 근본으로 하고(以人爲本) 이노베이션을 장려하며(鼓勵創新) 유리한 것은 추구하고 해로운 것은 피하고(趨利避害) 규범화해 관리한다"는 16자 방침을 내놓았다.

'하라, 하지 말라'고는 언급하지 않았다. 그러나 누가 봐도 긍정적인 신호를 준 것은 분명하다. 중국은 그런 식이다. 정부는 민간이 하는 일에 큰 방향만 제시할 뿐 관여하지 않는다. 그게 중국 IT 발전의 한 동력이다.

일부 지방정부가 디디좐처를 '헤이처(黑車 · 불법영업차량)'로 간주

했지만 융통성을 발휘할 여지는 남아 있다. 중국은 수많은 지방정부가 행정서비스를 놓고 경쟁하는 나라이며 정치가는 실적을 기반으로 승진한다. 그렇기 때문에 경쟁력 있는 행정서비스가 전국으로 쉽게 확산된다. 청웨이가 디디콴처의 미래를 낙관하는 이유도 여기에 있었다.

중국의 택시 시장규모는 연간 380억 위안(6조7000억 원)이며 연평균 성장률은 27%다. 택시회사가 보유한 택시 총량은 40만 대로 미국 500만 대에 비하면 턱없이 부족하다. 청웨이는 《경제관찰보》 인터뷰에서 경영컨설팅사인 롤랜드버거의 보고서 〈2025 커넥티드 모빌리티〉를 인용해 이렇게 말했다.

"세계 30대 도시는 해마다 교통 문제로 2660억 달러(291조원)를 낭비하고 있다. 디디다처는 모바일 인터넷 기술을 이용해 교통수단 사이의 폐쇄된 시스템을 파괴하고 있다. 디디다처의 꿈은 더욱 스마트한 이동 시스템을 만드는 것이다."

청커 열풍, 중국 경제지도를 바꾸다

    중국의 수도 베이징 중관춘에서 불기 시작한 '청커(創客) 열풍'이 선전과 상하이, 구이저우(貴州), 서부 우루무치 등 중국 전역으로 번졌다. '청커'는 정보기술(IT)을 기반으로 한 혁신 창업자를 뜻한다. 이제 청커는 중국의 큰손 관광객 '유커(遊客)'처럼 중국을 뛰어넘어 세계 경제 지형도를 바꿔버릴 태세다.

활활 타오르는 인큐베이터

    2015년 4월 리커창 총리는 중국의 새로운 IT산업의 메카로 떠오른 선전의 창업 인큐베이터 '차이휘창커쿵젠(柴火創客空間)'을 방문했다. '여럿이 힘을 합쳐 땔감을 태우면 불꽃이 높이 인다(衆人拾柴火

焰高)'는 속담에서 이름을 딴 곳이다. 4년째가 된 차이훠촹커쿵젠 한 곳에만 1만여 명이 넘는 예비창업자가 몰려 있다. 리커창 총리는 이 곳에서 젊은 촹커들이 만든 혁신 제품을 살펴본 뒤 직접 차이훠촹커 쿵젠의 명예회원으로 등록해 촹커들에게 힘을 실어줬다.

촹커들이 이끄는 중국 창업 성장세는 실제 통계로 확인할 수 있다. 2014년 중국의 신규 벤처창업자는 291만 명에 달했다. 한국(2만 9910건)의 100배 수준이다. 또 벤처투자금액은 155억3000만 달러(약 16조9000억 원)를 기록해 전년 대비 3배 이상 급증했다. 같은 해 한국의 벤처투자(1조6393억 원)와 비교하면 15배 이상이다.

중국에서 촹커 열풍이 가능한 이유는 다음과 같다.

첫째, 규제가 덜한 데다 지원을 아낌없이 퍼붓는다. 실제로 중국 정부는 촹커를 육성하려고 2015년 초 400억 위안(약 7조 원)에 달하는 창업 기금을 조성했다.

둘째, 중국 경제 동력의 패러다임이 바뀌었기 때문이다. 인프라, 부동산 위주의 과거 성장 모델이 힘을 잃은 대신 스마트폰, O2O(Online to Offline) 기업 등 스타트업이 경제 동력으로 부상했다.

셋째, 마윈 알리바바 창업자와 레이쥔 샤오미 회장 등 중국 토종 촹커의 성공 스토리도 촹커 현상에 불을 지폈다. '하니까 되더라'는 자신감도 충만했다. 중국 촹커 세대에 창업은 '밥벌이'이면서도 즐거운 '창조 놀이'였다. 한국에서 창업하면 '카페, 치킨집'을 떠올리는 것과는 근본적으로 다른 양상이다.

풍부한 인적 자본, 14억 내수시장, 여전히 세계의 공장인 중국의 제조업 능력, 외국 기업에 대한 확실한 진입장벽, 실패도 용인하는 창업 문화까지 많은 요소가 복합적으로 뭉쳐 창업국가 중국을 실현했다.

중국판 저커버그

중국 전역에 퍼진 촹커 열기의 이면에는 창업 교육이 자리 잡고 있다. 중국판 실리콘밸리라 불리는 베이징 중관춘에 위치한 칭화(淸華) 사이언스파크 내 '칭화X랩'은 창업 교육의 대표적 사례다. 칭화X랩의 X는 미지의 대상을 탐구해 혁신을 추구한다는 뜻과 다양한 학문이 교차한다는 뜻을 담고 있다. 이곳은 칭화대학 출신이면 재학생과 졸업생 구분 없이 누구나 무료로 이용할 수 있다. 500m²(약 151평)의 공간에서 매년 진행되는 창업 프로젝트만 200개다. '이틀에 하나'꼴로 창업 아이템이 생겨난다.

칭화X랩은 철저하게 교육하여 창업가를 배출하는 것으로 유명하다. 칭화X랩 마오둥후이(毛東輝) 소장은 "단순히 혁신 제조 기술이 있다고 해서 창업 성공이 보장되는 건 아니다"며 "그렇기 때문에 창업 교육은 매우 중요하다"고 강조했다. 그는 "기업가 정신을 먼저 고취하고 창업의 구체적 방법을 익히는 것도 창업 교육으로 가능하다"고 말했다.

칭화X랩에서 창업 희망자는 교수와 벤처 투자가 등에게 일대일 창업 교육과 상담을 받는다. 학교에 상주하는 칭화X랩 창업 멘토만 60명이 넘는다. 특허, 법률자문, 재무회계 등 분야별 멘토진도 탄탄하다. 온라인 창업 교육도 있어서 '벤처 투자가와 어떻게 협상할까' '비즈니스와 법' 등의 과목을 수강할 수 있다.

2014년 10월에는 마크 저커버그 페이스북 CEO가 칭화X랩을 방문해 특별 강연을 했다. 하버드대학 재학 시절 창업한 저커버그 본인의 경험을 칭화X랩에서 창업을 꿈꾸는 이들에게 들려주기 위함이었다. 저커버그는 "창업자는 자신의 사명을 믿고 결코 포기하지 말아야 한다"고 격려했다.

2015년은 중국 정부가 공식적으로 대학 창업 교육에 힘을 싣는 원년(元年)이었다. 중국 교육부는 최근 각 대학에 '2015년 전국 대학 졸업생 취업과 창업에 관한 통지'를 보냈다. 탄력적인 학제를 도입해 재학생 휴학 창업을 허용하고, 대학 내 창업 전문 교과 과정을 개설하라는 내용 등이 담겨 있었다. 또 성공한 창업자 등 기업가를 겸임교수로 초빙해 학생들의 창업을 멘토링하고, 창업 관련 경연대회 등 다양한 활동을 하도록 했다. 이렇게 해서 중국 정부는 4년 내에 '80만 대학생 창업' 시대를 열겠다는 목표를 세웠다.

성공한 창업가들 역시 청커 교육에 적극적이다. 알리바바 창업자 마윈은 본사가 있는 항저우에 창업사관학교를 세우고 초대 학장을 맡았다. 마윈은 홍콩 창업가를 양성하기 위해 10억 홍콩달러(약 1400

억 원)도 쾌척했다.

중국판 TED로 불리는 유미왕(優米網)은 중국 창업 멘토 12인을 선정해 이들의 온라인 강연(편당 20분)을 무료로 제공했다. 마윈뿐 아니라 중국판 아마존인 JD닷컴의 류창둥(劉强東) 창업자, 중국 IT 대부 류촨즈 레노버 CEO 등이 연사로 나섰다. 일반 TED 강의가 인문학 위주라면 중국판 TED는 창업에 초점을 맞추었다. 유미왕 CEO인 왕리펀(王利芬)은 예비 창업가를 떡잎부터 키워내는 창업 서바이벌 프로그램 '잉짜이중궈(贏在中国·중국에서 승리하라)'를 만들었다. 교실 속 창업이 아닌 살아 숨쉬는 창업 교육을 한다는 취지였다.

왜 중국 정부와 민간은 창업 교육에 열심일까. 가장 큰 이유는 취업난을 타개하기 위해서다. 최근 중국의 경제 성장은 둔화하고 있지만 매년 노동시장에는 신규 대졸자 750만 명이 쏟아진다. 이들에게 새로이 일자리를 만들어줄 수 있는 방법이 바로 창업이라고 본 것이다.

창커는 경제 성장 동력을 창출할 수 있다. 중관춘의 사례만 봐도 알 수 있다. 2014년 10월 기준 중관춘 내 기업의 연매출은 2조5700억 위안(약 440조 원)이었다. 베이징 경제의 20%를 중관춘이 담당한다는 계산이 나온다. 베이징의 《신보(晨報)》는 "굴뚝 없는 소프트웨어 기업이 중심인 스타트업은 환경오염 없이 경제를 이끄는 녹색 성장의 일등공신"이라며 창커를 높이 평가했다.

중국 정부는 창커 교육이 중국의 교육까지 바꿀 수 있다는 희망을 걸고 있다. 《중국교육보》는 "청커가 부드럽게 교육을 바꾸고 있다"
고 보도했다. 혁신은 과거엔 서구의 전유물이었지만 이젠 중국 청커
가 '혁신의 맛'을 알게 됐다. 자유롭게 창업하고 실패했다 다시 일어
서는 청커들이 성적 지상주의인 중국의 교육 풍토마저 바꾸고 있다.

중국 창업 교육의 특징은 '창업은 배움의 과정이니까 실패해도 괜
찮다'는 것이다. 한국에선 창업하다 망하면 다시 일어서기가 어려운
구조지만 중국에서는 청커의 실패를 용인하는 문화가 있고 초기 실
패를 오히려 장려하기도 한다. 대학생이 창업했다가 도산하면 학생
과 관련자가 모여 그간의 창업 활동을 평가하고 때로는 부채 일부나
전액을 감면해주기도 한다.

쉬훙타이(許宏泰) 테크랙트(Techract) 최고기술책임자(CTO)는 칭화
대학을 졸업한 후 2003년 첫 번째 창업에 실패하고 두 번째 창업에
성공한 '오뚝이 청커'다. 처음에 구인구직 스타트업에 실패하고 나
서 온라인 영어 교육업체를 세워 재기에 성공했다. 쉬훙타이는 "사
업성이 있으면 창업 아이템만으로도 베이징 시로부터 100만 위
안(약 1억7500만 원)까지 지원받을 수 있다. 그래서 실패한 후에도
두 번째 창업을 망설일 필요가 없었다"고 말했다. 스타트업 피패드
의 마타오(馬濤) 대표 역시 창업 재수생이다. 2006년 칭화대학교 경
영전문대학원(MBA)을 졸업하고 회사를 차렸다가 실패한 뒤 재기를
위해 모교의 X랩을 찾았다. 그는 "벤처 투자가 중에는 실패 경험이
있는 스타트업을 더 높이 사는 곳이 많다"고 말했다.

굴뚝 도시 선전, 스마트 시티로의 도전

"한국에서라면 1년 걸려도 못할 일을 이곳에서는 석 달 만에 끝냈습니다. 투자자가 나타나 계약도 맺었고 실리콘밸리로부터도 러브콜을 받고 있지요. 한국에선 선전이 짝퉁 천국이라고 소문났는지 모르지만 제겐 창업 천국입니다."

신생 벤처기업(스타트업) BBB의 최재규 대표는 손가락 끝에서 피한 방울 뽑아 원격으로 건강 진단을 하는 모바일 장치를 개발 중이다. 바이오 분야에서 10여 년간 쌓은 기술과 노하우를 무기로 2014년 10월 창업했다. 국내 한 창업지원기금의 문을 두드렸으나 보기 좋게 퇴짜 맞았다. 수소문 끝에 선전의 창업지원업체인 핵셀러레이터(HAX) 공모에 합격한 그는 2015년 1월 선전으로 건너왔다. 초기자금 10만 달러와 함께 실리콘밸리 출신의 베테랑 멘토들을 붙여주고, 기술지원은 물론 디자인과 상품화 전략을 지도하게 했다.

세계 각지의 엔지니어들이 선전으로 속속 모여들고 있다. 미국 버클리대학 재학 중 창업한 데이비드 루는 선전에 와 세계 최소형 대기질 측정장치를 개발했고 2014년 여러 펀드로부터 거액의 투자를 받아냈다. 이처럼 '선전 드림'을 품고 엔지니어들이 모여들자 창업보육·지원 업체로 첫손가락에 꼽히는 HAX와 하이웨이원 등의 업체들도 속속 선전으로 거점을 옮겨왔다.

한때 짝퉁 천국으로 악명 높았던 선전이 창업 천국으로 거듭난 비결은 무엇일까. 2015년 초 시찰단을 꾸려 선전을 둘러본 한국의 벤처업계 관계자 25명은 완벽하게 갖춘 하드웨어 생태계에서 그 해답을 찾았다. 30여 년 세계의 공장 역할을 해오는 동안 영세부품상과 조립·가공업체부터 첨단 기술을 갖춘 글로벌업체까지 제조업 생태계가 한 도시 안에 구축된 것이다.

특히 없는 부품이 없다는 세계 최대의 전자시장인 화창베이(華强北)는 창업자에게 가장 큰 매력이다. 통신기술을 활용한 소방대원용 스마트헬멧을 개발 중인 넥스시스의 엄정한 이사는 반나절을 둘러본 뒤 "세운상가를 아무리 돌아다녀도 다 못 구하던 부품 샘플을 반나절 만에 다 구했는데 값도 터무니없이 싸다"며 혀를 내둘렀다. 화창베이엔 폭 1m 남짓한 매대에 전화기 한 대, 계산기 한 대 놓고 영업하는 부품상이 수천 명이다. 일명 '원미터 카운터(一米櫃檯)'들이다. 이들은 선전 외곽에 종업원이 수백 명인 부품 공장을 거느린 업주들이다.

하드웨어업체 키위플러스의 정석원 기술담당은 "그들은 부품판매만 하는 게 아니다"며 "내가 개발 중인 제품을 설명하자 바로 이튿날 자신의 거래업체이기도 한 폭스콘 관계자와 연결시켜줬다"고 말했다. 폭스콘은 아이폰을 생산하는 글로벌 기업이다. 실리콘밸리에서 옮겨온 HAX의 파트너 벤저민 조프는 "기술과 제품개발은 선전에서, 마케팅은 미국에서 주로 한다"고 말했다.

이런 상황은 부품 조달뿐 아니라 금형, 회로 제작을 거쳐 시제품

생산에 이르기까지 모든 단계에서도 마찬가지다. 설계도만 가져가면 소량으로 시제품을 제작해주는 전문업체도 있다. 주문 현황판에는 20개부터 100개 단위의 소량 주문들이 빼곡했다. 판하오(潘昊) 대표는 "벤처기업의 성공 여부는 시제품을 얼마나 빠르게 잘 만들어 투자자를 확보하느냐에 달렸다"며 "전 세계 5만여 명의 개발자가 주문하고 있다"고 말했다.

시찰단은 부러움을 감추지 못했고 즉석에서 주문 상담에 들어가는 모습도 보였다. 정부 자문위원이기도 한 컨설턴트 동우상 씨는 "한국에선 제조공장이 1000개 단위 이상의 대량생산이 아니면 주문을 안 받기 때문에 시제품 만들기가 너무 힘들다"고 말했다.

2박3일간의 시찰단을 이끈 창업정보업체 플래텀의 조상래 대표는 "적어도 창업 분야만큼은 중국이 멀찌감치 우리를 앞서 있다"며 "일정한 시간이 지나면 이는 곧 기술력으로 나타날 것"이라고 말했다.

'건달' 재벌 2세들의 혁신 동참

중국인은 자국의 '푸얼다이(富二代)', 즉 재벌 2세를 '배운 것도 재주도 없는(不學無術) 건달'이라고 부른다. 사치에 빠지거나 여배우와 염문을 뿌리고 술집 혹은 해외 카지노에서 죽치는 이들이 많아서다. 그들이 요즘 정신을 바짝 차리고 기업의 혁신을 주도하는 창얼다이

(創二代)로 변신하였다. 중국 경제가 고성장에서 중·저 성장시대로 접어든 데다 시진핑 주석이 주도하는 반부패와 개혁 폭풍까지 몰아치면서 생겨난 변화다. 부자 건달도 혁신에 동참하고 있다. 중국공상연맹연구실이 최근 내놓은 〈중국가족기업발전보고〉에 따르면 향후 5~10년 약 300만 개의 중국가족기업에서 경영권 승계작업이 이뤄질 전망이다. 중국의 개혁개방 이후 창업해 성공한 1세대가 경영 일선에서 물러나고 푸얼다이들이 중국 기업의 핵심으로 부상하고 있다는 얘기다.

푸얼다이의 변신은 대략 3가지 유형을 보인다. 첫째, 배수진(背水陣)파다. "경영에 실패하면 경영권을 포기하겠다"며 자신을 벼랑 끝으로 몰고 기업혁신에 올인하는 것이다. 자오닝(趙寧) 베이징지메이(北京集美) 국제주업(國際酒業) 총재가 대표적이다. 포도주 유통업체를 경영하는 그는 지메이 가구 그룹의 창업자이자 회장인 자오젠궈(趙建國)의 아들이다.

가구 사업으로는 회사의 발전에 한계가 있다고 느낀 자오 회장은 2009년 포도주 온라인 유통에서 도약의 돌파구를 찾기로 했다. 그는 자오닝을 불러 포도주 사업의 미래를 설명하고 도전을 주문하면서 "9000만 위안(약 168억원)을 투자하겠다"고 했다.

매일 호화 외제차를 타며 살던 자오닝에게 사업은 쉽지 않았다. 포도주 온라인 유통 경쟁이 심한 데다 2013년 시진핑 주석 취임 이후 사치풍조 근절을 핵심으로 하는 '8항(八項)규정'까지 겹쳐 포도주 소비량이 대폭 줄었기 때문이다. 2013년 한 해에만 국제주업은 1300만 위안(약 24억 원)의 손실을 봤다. 아버지의 불신이 커지자 자오닝은 "만약 아버지의 투자금을 날리거나 회사가 파산하면 지메이 가구 그룹의 경영 승계를 포기하겠다"며 배수진을 쳤다.

이후 자오닝 회장은 현장에서 살았다. 수입 포도주의 유통 과정을 면밀히 조사하고 유럽 산지를 돌아봤다. 결과는 충격적이었다. 유럽에서 3유로(약 4000원)인 포도주가 중국 온라인에서 300위안(약 5만 6000원)에 팔리고 있었다. 그는 온라인 중간 유통을 건너뛰고 산지와 직접 거래하는 방식으로 포도주의 가격을 300위안에서 70위안 아래로 낮추는 데 성공했다. 가격이 낮아지자 사치품이라는 이미지도 덩달아 사라지며 매출이 늘어났다. 2015년 300만 위안의 순익을 올렸고 2016년에는 최소 1000만 위안의 순익을 바라보고 있다. 2016년 초 홍콩의 《대공보》는 그를 '포도주 유통 혁신의 선구자'라고 평가했다.

2015년 10월 주방용품 제조업체인 화디(華帝)의 동사장(이사장)에 오른 판예장(藩葉江) 역시 아버지에게 "회사를 초일류기업으로 키우지 못하면 경영권을 내놓겠다"는 선언을 한 후 회사를 첨단 제품 위주로 전면 개편하며 중국 주방업계에 혁신 바람을 일으키고 있다.

둘째는 독립파다. 돤류원(段劉文) 한랑광뎬(漢郎光電) 최고경영자(CEO)에게는 한 가지 사업 원칙이 있다. 어떤 경우에도 가족이나 지인의 돈을 받지 않겠다는 것이다. 아버지 잘 만나 금수저 물고 고공

행진한다는 말을 듣기 싫어서다.

돤류원의 부친은 중국의 대표적인 전자업체인 쓰퉁(四通)그룹의 돤융지(段永基) 회장이다. 돤 회장은 베이징의 중관춘을 중국의 실리콘밸리로 발전시킨 인물로 '중관춘의 아버지'로 불린다.

대학에서 의학을 공부한 돤류원은 중국 최고 병원이라는 301 (군) 병원의 군의관이 됐다. 그러나 군 생활은 그의 체질에 맞지 않았다. 그는 군의관을 그만두고 미국 펜실베이니아대학 와튼스쿨에서 MBA 학위를 받았다. 2008년 귀국한 그가 창업 의사를 밝히자 아버지는 "결정도, 그 결정에 대한 책임도 네가 지는 것"이라며 아들의 선택을 존중했다. 이후 돤류원은 액정화면 최고 기술을 가진 쑨강(孫剛) 박사와 손을 잡고 한랑광뎬을 창업했다. 돤은 창업 과정에서 아버지에게는 단 한 푼도 도움을 받지 않고 투자자를 대상으로 기술을 설명하고 50만 위안의 투자를 받았다. 이후 한랑광뎬은 전자라벨과 스마트 의료관리 등으로 사업 영역을 확대해 현재는 자산 5억 위안(약 931억 원)회사로 성장했다.

창업 성공 비결을 묻는 질문에 돤류원은 이렇게 답한다.

"아버지는 나에게 '신중하고 자립하며 스스로 경계하라(愼獨自律)'는 말을 해 주셨다. 그는 또 '진정한 비즈니스 지식은 책이 아니라 실전 경험에서 얻는 것'이라고 했다. 난 아버지에게서 돈 대신 (기업가) 정신이란 자산을 받았다."

류촨즈(柳傳志) 레노버 회장의 딸 류칭(柳靑) 역시 독립파다. 레노버는 중국 최대 민영기업으로 류촨즈는 중국 IT(정보통신)업계의 대부로 통한다. 베이징대학과 하버드대학을 졸업한 류칭의 사업관은 '죽도록 일은 하겠지만 아버지에게 신세지는 일은 죽어도 안 한다'이다. 실제로 그는 2002년 하버드대학에서 석사학위를 받은 후 골드만 삭스에 입사해 일주일에 100~140시간씩 일했다. 그는 2012년 골드만 삭스 사상 최연소인 34세 나이에 아시아 담당 사장으로 승진했다. 그후 중국의 차량공유 서비스업체인 디디(滴滴)의 총재(사장격)로 자리를 옮겨 중국 자동차 서비스업계의 경쟁과 혁신을 주도하고 있다. 중국 업계는 류칭을 자력으로 혁신의 길을 가는 대표적 기업가로 평가한다.

셋째는 실용파다. 가족 회사의 네트워크와 정보를 최대한 활용해 혁신을 추구하는데 대부분의 푸얼다이가 여기에 속한다. 아시아 최고 부자인 왕젠린(王健林) 완다(萬達)그룹 회장의 외아들 왕쓰충(王思聰)이 대표적이다. 왕 회장은 중국 부자를 연구하는 후룬(胡潤)연구소가 2016년 2월에 발표한 '2016 글로벌 부자순위'에서 총 자산 1700억 위안(약 31조5000억 원)으로 아시아 최고 부자였던 리카싱(李嘉誠) 홍콩 청쿵그룹 회장을 제쳤다.

프로메테우스캐피털 대표이사인 왕쓰충은 몇 년 전까지만 해도 여배우들과 초호화 외제차를 타고 다니며 염문을 뿌리는가 하면 자신의 애완견에 애플 워치를 채운 사진을 인터넷에 올려 여론의 지탄을 받았다. 그런 그가 최근 2~3년 사이에 투자의 귀재로 주목받고 있다. 왕쓰충은 완다그룹의 모든 역량을 동원해 사전 정보를 입수하고 현장 확인 후 투자를 결행한다. 이른바 금수저 영업이다. 이런 방식으로 2015년 한국을 포함한 여러 기업 등에 투자해 8개월간 무려 3000만 달러(약 351억 원)를 벌어들였다. 2015년 12월에는 직접 한국을 방문해 프로메테우스캐피털의 한국 내 시각 효과(VFX)업체 덱스터의 코스닥시장 상장 기념식에 참석했다. 당시 그는 2016년 한국에 약 1억 달러를 투자할 것이라고 밝혔다. 우수한 기술력을 갖추고 있고 상대적으로 가격이 싼 한국 기업에 투자하는 게 '투자혁신'이라는 게 그의 지론이다.

2015년《포브스》중국어판은〈중국 현대 가족기업 조사보고〉에서 수백만 개에 달하는 가족 기업이 빠르게 경영권 승계작업을 진행하는데 대부분 다양한 혁신과 변화를 주도한 2세에게 넘어가고 있다고 분석했다.

혁신의 대중화는 학생, 공무원, 건달을 가리지 않는다.

류창둥

짝퉁 제로
진품 제일주의

류창둥(劉强東)은 1974년 장쑤(江蘇) 성에서 태어나 베이징 런민대
학에서 사회학을 공부했다. 졸업 후 재팬라이프(Japan Life)라는 일본
계 건강보조기구업체에 다니며 모은 2만 위안(360만 원)으로 1998년
24세 때 창업했다. 2014년 매출은 2602억 위안(46조3000억 원)으로
한국 전자상거래 총액보다 많다. 그가 세운 징둥상청은 미국 나스닥
증시에 상장했다. 개인 자산 530억 위안(9조3000억 원)으로 중국 부호
순위 9위다.

JD닷컴을 만나다

류창둥 징둥상청(京東商城 · JD닷컴) 회장과는 꽤 까다로운 과정을
거친 후에야 만날 수 있었다. 인터뷰 요청서를 보내고 일정을 잡은

뒤에도 몇 차례 언론 담당자와 비서의 확인 전화를 받았고 약속시간 1시간 전까지도 "약속 잊지 않으셨죠?" 하고 묻는 전화를 받았다. 그럴 만도 했다. 한 해에 46조 원어치의 물건을 사고파는 중국 2위, 세계 4위의 전자상거래업체를 이끌고 있는 그에겐 1분 1초가 금쪽 같을 것이다.

2015년 3월 중국 하이난(海南) 성 보아오(博鰲)에서 열린 보아오 포럼에서 그를 인터뷰할 수 있었다. 시간에 맞춰 약속 장소에 나가 자 류창둥 회장이 와 있었다. 그는 "징둥의 배송이 얼마나 빠른지 보여주고 싶어 5분 먼저 와서 기다렸다"며 웃었다.

류창둥 회장은 20대에 2만 위안(360만 원)으로 창업해 11년 만에 중국 부자 랭킹 9위에 올라섰다. 외국엔 마윈 알리바바 회장보다 덜 알려졌지만 중국 내에선 그 못지않은 성공신화의 주인공으로 유명하다. 그는 인터뷰에서 "알리바바를 넘어설 수 있다"는 자신감을 보였다.

-전자상거래로 성공한 비결은 무엇인가

역설적으로 들리겠지만 중국의 유통업이 낙후한 현실이 내겐 기회였다. 중국 땅덩어리가 너무 넓다는 점과도 관련이 있다. 한국은 동네 어딜 가든 대리점이 있어 삼성이나 LG 휴대폰을 살 수 있지만 중국은 그렇지 않다. 한 도시 안에선 구할 수 없는 물건이 많다. 다른 도시에 나가 그런 물건을 사자면 돈도 돈이지만 꼬박 하루 이틀

시간이 걸린다. 그러니 소비자는 온라인 쇼핑에 의존할 수밖에 없는 구조다.

나의 첫 사업은 온라인이 아니라 오프라인이었다. 6년 동안 베이징 중관춘에서 전자제품 판매업체를 운영하다 2004년 지금의 온라인 전용업체로 전환했다. 당시 중국을 휩쓴 사스(SARS · 중증급성호흡기증후군)로 소비자가 외출을 꺼리던 때를 틈탄 발빠른 대응이었다.

─전자상거래업체가 다 성공하는 건 아니지 않는가.

관건은 물류다. 물류비용을 줄이고 빠른 배송체계를 갖춘 기업만이 살아남을 수 있다. 중국 땅이 넓다지만 지금 우리는 물건의 절반 이상을 하루 안에 배달한다. 나는 현재의 물류 시스템을 만들기까지 꼬박 8년을 투자했다. 40여 개 도시에 대형 창고 123곳을 확보했고, 3210곳에 배송거점을 구축했다. 실제로 징둥을 비롯한 중국 전자상거래업체의 배송은 초특급이다. 베이징을 비롯한 도시 지역은 밤에 주문해놓고 잠들면 이튿날 아침 출근 전에 물건을 받아 보는 경우도 드물지 않다.

─미국의 아마존처럼 무인기(드론)로 배송하면 더 빠르지 않을까

그건 중국의 현실엔 맞지 않다. 아파트 생활을 하는 비율이 압도적이기 때문이다.

―물류도 중요하지만, 실물을 보지 않고 구매하는 전자상거래의 속성상 소비자의 신뢰를 얻는 게 무엇보다 중요할 것 같은데

맞는 말이다. 그런 면에서 우리는 중국 최고다. 징둥 물건에는 짝퉁이 없다. 세계 50개 국가의 브랜드 상품을 징둥에서 판매하는데 진품인지 아닌지 철저히 검증한다. 가격은 알리바바보다 비싸지만 믿음이 가기 때문에 소비자가 찾아온다. 진품 제일주의는 기업과 소비자에게 모두 이익이다. 이건 철칙이다. 가령 요즘 한국 화장품이 인기인데 징둥에서 가짜 제품이 팔렸다고 치자. 그럼 한국 기업에도 악영향을 주지 않겠는가. 징둥 사이트에 물건을 공급하는 기업을 보호하는 건 우리의 의무다. '짝퉁 제로' 정책이야말로 징둥이 알리바바도 뛰어넘을 수 있다고 자신하는 이유다.

―물류와 신뢰에 이어 징둥의 다음 관심사는 무엇인가

인터넷 금융이다. 고객이 인터넷 결제를 편리하게 할 수 있도록 하기 위해서다. 우리의 모든 사업은 고객이 보다 편리하게 우리 사이트에서 구매할 수 있도록 하는 것이다.

―여타 중국 전자상거래업체보다 징둥의 한국 제품 비중이 높은 것으로 안다

한국 제품이 징둥상청 전체에서 차지하는 비중은 5~8% 정도다. 국가별로 보면 적은 것 같아도 삼성의 기여도는 압도적이다. 삼성

제품만으로 100억 위안(1조7800억 원)가량의 매출을 올렸다. 단일 브랜드로 보면 2위 수준이다. 과거의 징둥 상품은 전자제품이 대부분이었다. 그래서 한국 제품이 특히 중요했다. 한국을 처음 방문한 때가 8년 전인데, 삼성과 LG의 질 좋은 전자 제품을 확보하기 위해서였다. 징둥은 비(非)전자 제품의 비중을 크게 늘려 지금은 이 분야가 판매를 주도하고 있다. 모두 14개의 상품 카테고리가 있는데 특히 화장품에 기대를 걸고 있다. 지금까지는 유럽 화장품이 주로 팔렸지만 2014년부터 한국 제품이 들어왔다. 앞으로 중국 소비자는 실시간으로 한국에서 유행하는 화장품을 살 수 있을 것이다. 한국 기업도 징둥상청을 중국 내수 시장으로 통하는 문으로 봐줬으면 한다. 얼마 전 한국에서 설명회를 열었는데 한국 중소기업의 관심이 대단했다. 500석 좌석을 준비했다가 결국 800석까지 늘렸다.

−류 회장을 비롯한 성공신화 덕분에 중국에선 젊은 세대의 창업 열기가 뜨겁다

나는 제2의 류창둥이 나올 수 있고, 또 나와야 한다고 본다. 종업원 36명으로 시작한 회사가 11년 만에 7만5000명으로 늘어난 건 인재를 키운 덕분이다. 기업에 중요한 건 필요한 사람을 키우는 일이다. 우리는 '징둥대학'이란 이름으로 창업 학교를 세웠다. 이건 징둥 내부에서 하는 인재 육성이다. 물론 외부 창업자에게 투자를 하고 관리하기도 한다. 2015년 1억 위안 이상을 들여 창업기금을 만들었다.

-징둥을 이끌어가는 경영 좌우명은 무엇인가

　고객 우선주의다. 사람이 편리하게 살아가는 환경을 만들자는 게 징둥의 정신이다. 상인이기에 앞서 먼저 '사람'이 되어야 한다. 그리고 도덕과 법률을 지켜야 한다. 1등 기업이니까 뭔가 잘났다거나 뭔가 특별하다거나 하는 건 없다.

2장

중국의 꿈
중국의 길

중국 공산당이 제18차 당대회를 열어 시진핑을 당 총서기로 선출한 건 지난 2012년 11월 15일이었다. 그로부터 2주가 지난 11월 29일, 시 총서기는 상무위원 전원을 대동하고 베이징 국가박물관의 '부흥의 길' 전시관 관람에 나선다. 이 자리에서 제기된 게 바로 중국몽(中國夢)이다. "중화민족의 위대한 역사를 재현하겠다"는 새로운 국가 비전이었다. 공산당은 중국 발전의 동력이었다. 지난 35년 동안 개혁의 비전을 제시했고, 국가 통합의 리더십을 보여줬다. 공산당은 여전히 대체할 수 없는 정치 실력으로 남아 중국의 미래를 결정할 것이다. 그렇다면 중국 공산당이 제시하는 미래 비전은 무엇일까?

일대일로, 중국식 글로벌 전략

2015년 2월 취재차 들른 중국 중부 해안도시 장쑤 (江蘇) 성 롄윈강 (連雲港) 시. 항구에서는 정기 화물 철도노선 개통 행사가 열렸다. 서쪽 종착역은 중앙아시아의 경제 중심지인 카자흐스탄의 알마티였다. 출발 신호가 떨어지자 컨테이너 106개를 실은 기차가 달려나갔다. 기차는 정저우, 시안, 우루무치 등 중국 대륙을 횡단한 뒤 국경을 넘어 12일 후 알마티에 도착할 예정이다. 현지 관계자는 "롄윈강이 '일대일로(一帶一路)' 전략의 첫 수혜 도시가 됐다"며 환호했다.

강한성당(强漢盛唐)의 꿈

2015년 5월 초 방문한 카자흐스탄 알마티 시내 그린마켓은 동쪽 중국과 서쪽 터키에서 온 물건으로 가득 찼다. 한국 상품도 있었다. 한국 수입품을 전문으로 취급하는 상인 마리나는 "유럽산 고가 제품과 터키·중국산 저가 제품이 양분하는 틈새를 한국 상품이 빠르게 파고들었다"고 말했다. 삼성, LG 제품이 가전 시장의 약 80%를 석권했다. 주요 쇼핑몰에는 미샤, 페이스샵 등 한국 화장품 대리점도 속속 문을 열었다.

현지 물류업체의 도움을 받아 한국 제품의 이동 경로를 추적한 결과 상당 부분 중국 대륙을 가로질러 온 것이었다. 배편을 이용해 장쑤 성 롄윈강에 내린 제품이 여기서 출발하는 국제화물 정기열차 중국대륙횡단철도(TCR) 편으로 알마티에 도착했다.

이 노선은 우리에게 의미가 각별하다. 한반도에서 유럽으로 나가는 새로운 통로를 제공하기 때문이다. 알마티의 물류업체 ESL코리아의 이병춘 매니저는 "시베리아횡단철도(TSR)를 탈 수도 있지만 TCR은 한국과 유럽을 잇는 최단거리의 물류망이란 점에서 경쟁력이 있다"고 말했다. 실크로드의 시발점은 한반도가 될 수 있다는 말이 나오는 이유다. 그렇게 일대일로는 우리 곁으로 다가오고 있다.

시진핑 주석이 '중국의 꿈(中國夢)'을 제기한 건 2012년 11월이다. 그러니까 중국 권력의 정점인 총서기에 오른 직후다. 당시 시진핑은 '중화민족의 부흥이야말로 가장 위대한 꿈'이라고 했다. 1년여 뒤 시진핑 주석은 카자흐스탄(2013년 9월)과 인도네시아(11월)를 잇따라 방문하여 '일대일로' 구상을 내놨다. 2000여 년 전 고대 물류망을 현대에 부활시킨다는 '일대일로' 구상은 그렇듯 '중국몽'의 표현이었다.

'실크로드 개발'의 지정학적 지적소유권은 원래 중국이 아닌 미국에 있다. 2011년 9월 당시 국무장관이던 힐러리 클린턴이 제기한 '뉴 실크로드 이니셔티브'가 원조다. 내용도 크게 다르지 않다. 실크로드가 지나는 중앙아시아 국가의 사회간접자본(SOC) 개발을 돕고, 자유롭게 무역을 하자는 제안이었다.

시진핑 주석은 이를 더 넓게 확대했을 뿐이다. 그런데도 '클린턴의 실크로드'는 지금 흔적도 없다. 미국이 중앙아시아 경제 발전을 위해 무엇인가 하고 있다는 얘기는 들리지 않는다. 이유는 돈 때문이다. 클린턴의 제안에는 돈이 빠져 있었다. SOC 개발만 얘기했지 필요한 돈을 누가 어떻게 조달할 것인지에 대한 구체적인 플랜이 없었다.

하지만 '시진핑의 일대일로'는 달랐다. 시진핑은 개발 융자에 필

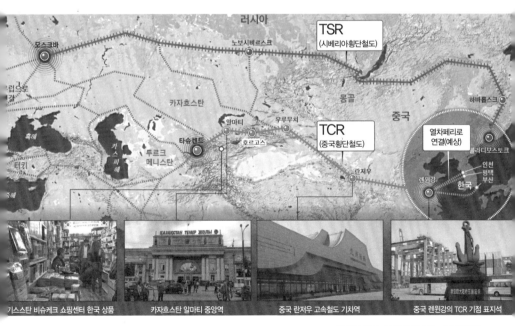

기스탄 비슈케크 쇼핑센터 한국 상품 　　카자흐스탄 알마티 중앙역 　　중국 란저우 고속철도 기차역 　　중국 롄윈강의 TCR 기점 표지석

중앙아시아·유럽으로 가는 두 물류망

요한 500억 달러 규모의 아시아인프라투자은행(AIIB)을 제안했다. 중국은 이 중 절반 이상을 내겠다고 했다. AIIB 투자금은 1000억 달러로 증액됐고, 중국은 이 중 약 300억 달러를 출자해 26%의 지분을 확보했다. 거부권을 행사할 수 있는 수준이다. 이와는 별도로 신실크로드기금으로 400억 달러를 조성하겠다고도 했다. 재정적자에 쪼들리는 미국은 엄두도 못 낼 일이었다. 중국의 계획은 대담했다. 중국은 중앙아시아와 동남아, 서남아시아, 아프리카 등의 지도를 펴 놓고 어떤 도로를 잇고, 어디에 고속철도를 건설할지, 어떤 통신선을 연결할 것인지 등 다양한 구상을 내놓았다.

그동안 중국의 성장은 세계 경제에 많은 영향을 미쳤다. '세계 공장' 중국이 등장하자 한국, 일본, 대만 등 주변국은 중간재 수출을 늘렸고, 자원 부국은 중국 수요 급증으로 호황을 구가했다. 선진국 소비자는 중국에서 밀려든 저가 상품으로 편안한 소비를 즐겼고, 다국적기업은 거대 중국 중산층에서 기회를 찾기도 했다. 이른바 '차이나 사이클(중국 때문에 야기된 세계 경제 성장 사이클)'이었다. 차이나 사이클은 이제 '룰 세팅(rule setting)' 단계에 이르렀다. 즉 단순한 룰 추종자에서 벗어나 중국이 디자인한 고유의 룰을 세계에 제시하고 있다. 일대일로는 룰 세터(rule setter)로서 면모를 보여준다. 그러기에 일대일로는 중국 스타일의 세계화라는 의미다.

중국은 더 이상 해외에서 번 달러를 미국 채권에 넣지 않고, 중국 스탠더드를 만드는 데 쓰겠다고 분명하게 뜻을 밝히고 있다. 어마어

마한 돈을 이곳에 퍼부을 작정이다. 지방정부가 고개를 쳐들고 '우리가 일대일로 추진에 어울리는 가장 적격 지역'이라고 나서는 것도 이 돈을 따내기 위해서다. 돈은 힘을 산다. 중국은 주변국에 인프라 개발을 돕고, 발전할 수 있는 토대를 마련해주겠다는 '합작공영'의 논리를 펼치며 접근하고 있다.

시진핑이 제기한 '중국의 꿈'은 위대했던 중화민족을 부활하자는 취지다. 중국 역사에서 가장 위대했던 시절은 한(漢)나라와 당(唐)나라다. 실크로드를 개척한 때가 한나라요, 그 길을 따라 물자가 가장 활발하게 오고 간 시기가 당나라 때다. 흔히 '강한성당(强漢盛唐 · 강한 한나라, 번성한 당나라)'이라 불렀다. 그러기에 실크로드를 현대에 복원하자는 일대일로는 단순한 해외 개발 사업이 아닌 중국의 역사 흐름을 바꾸려는 역사 공정이다. 강한성당이라는 중국몽 철학이 현실로 드러나는 표상이 바로 일대일로다.

그러면서도 중국은 몸을 사린다. 시진핑 주석은 2015년 3월 보아오 포럼 연설에서 "근대 이후 100여 년 동안 분쟁과 전화(戰火)에 휩싸인 중국은 그 비참한 경험을 절대로 다른 나라, 다른 민족에 강요하지 않겠다"고 강조했다. 패권을 행사하지 않겠다는 얘기다. 그렇다고 '일대일로로 중화민족의 위대한 부흥을 이루겠다'는 꿈이 약해진 것은 아니다. 중국몽이야말로 일대일로를 관통하는 토대이기 때문이다.

EBC vs. EBA

일대일로는 다면(多面)적인 프로젝트다. 정치 외교적 요소가 있는 가 하면 중국 경제 문제도 가미되어 있다. 이를 파악하려면 우선 중국이 추진하는 위안화 국제화를 감안해야 하고, 그동안 추진한 경제·자원외교의 연장선에서도 검토할 필요가 있다. 어느 요소로 먼저 제기됐든 간에 이 같은 복합 요소가 어울려 있기에 일대일로는 더 큰 폭발력과 추진력이 있다.

일대일로는 'EBC(Everyone But China · 중국을 제외한 모두)'라는 미국의 아시아태평양 전략에 대한 중국의 반발과 같다. 중국은 TPP(환태평양경제동반자협정)에서도 배제됐다. 미국은 태평양 지역의 모든 국가에 문을 열었지만 중국은 차단했다. 중국은 이를 '미국의 중국 포위 전략'으로 해석한다. 이를 돌파하려고 나온 대응책이 바로 일대일로다.

길은 이미 정해졌다. 중국은 태평양 쪽에서 밀고 들어오는 미국의 힘을 피해 서쪽으로(신실크로드경제벨트), 또 남쪽으로(21세기해양실크로드) 달려가려고 한다. 북쪽으로는 중앙아시아를 넘어 유럽으로, 남쪽으로는 동남아, 서남아, 아프리카 동부 등을 지나 유럽에 이른다. 약 60여 국가가 대상이다. 굳이 표현하면 'EBA(Everyone But America)', 즉 미국을 제외한 모든 나라다.

서방 전문가들은 일대일로에 숨어 있는 중국의 패권 의도를 경계한다. 주변국에 정치 외교적 영향력을 행사하기 위한 전략적 포석이라는 시각이다. 남중국해에서 일어난 중국과 주변국 충돌은 이 주장에 힘을 실었다. 충분히 일리 있는 주장이었다. 중국이 미국의 아시아 균형(Balancing) 전략에 위협을 느끼는 것은 주지의 사실이다. 일본, 한국, 대만, 필리핀, 호주, 인도, 심지어 미얀마에 이르기까지 친미(親美) 성향이 강한 나라가 중국을 동남쪽에서 에워싸고 있는 형국이다. 이 그물망을 뚫기 위해 중국은 서쪽으로, 또 남쪽 바다로 나온다 동쪽에서 국민당에 쫓긴 공산당이 서쪽으로 대탈출을 감행했던 대장정이 연상된다.

이른바 '경제외교'에는 두 가지 속성이 있다. 하나는 경제 성장을

아시아 지역에서 미국과 중국의 주도권 경쟁

위해 외교를 수단으로 이용하는 것이고 다른 하나는 정치 외교적 목적을 달성하기 위해 경제(돈)를 수단으로 활용하는 것이다. 경제적 목적과 정치 외교적 의도는 항상 엉켜 있다. 일대일로 전략은 바로 그 전형이다. 경제적 목적과 정치 외교적 의도가 혼재한다. 그걸 해체하면 정확한 내용이 보인다.

중국 경제외교는 자원외교에서 시작됐다. 2000년대 초 석유수입국으로 전환하면서 석유는 중국 경제의 아킬레스건으로 등장했다. 자원을 확보하려고 세계 자원부국을 향해 손을 뻗기 시작한 게 바로 그때다. 그리고 2006년 베이징에서 중국-아프리카협력포럼이 열렸다. 당시 아프리카 45개국 정상급 인사들이 회의에 참가해 중국의 경제적 위상을 보여줬다. 지금도 이 포럼은 3년마다 열린다.

2001년 중국이 세계무역기구(WTO)에 가입한 후부터 중국의 경제외교 영역은 넓어졌다. 서방이 구축한 글로벌 경제무대에 등장한 것이다. 서방 주요국만이 참가하는 주요 7개국(G7)회의에 옵서버로 참석하기도 했다. 그리고 그 해 상하이협력기구(SCO)가 출범했다. 1996년 상하이5국회의(중국, 러시아, 카자흐스탄, 키르기스스탄, 타지키스탄)에 우즈베키스탄이 합류하면서 이어졌다. 일대일로의 초기 구상이라고 할 수 있다.

2008년 이후 중국의 경제외교는 '달러 헤게모니에서 독립한다'는 취지에 맞춰왔다. 위안화 국제화가 그랬다. 중국은 EU, 영국, 브라질, 한국 등과 위안화 통화스와프 협약을 맺었다. 그 규모가 7400억 위안(약 1200억 달러)에 이른다. 영국, 호주, 한국 등에는 위안화 직거래 시장을 개설하기도 했다. 2014년 합의에 이른 500억 달러 규모의 브릭스(BRICS) 신개발은행(NDB)도 그 연장선이다. '탈(脫)달러'라는 정치경제적 철학은 신실크로드 전략에도 이어지고 있다.

2001년 WTO 가입은 중국이 미국 중심의 서방 글로벌시스템에 편입됐다는 것을 뜻한다. 그러나 일대일로는 다르다. 서방 체제로 편입한 것이 아닌 중국의 스탠더드를 갖고 독자 세력권을 형성하겠다는 의지가 강하다. '일대일로 권역에서는 런민비(人民幣)로 교역하자'는 제안이 이를 설명한다. 개발 사업을 주도할 AIIB는 어쨌든 중국의 의도대로 운영될 수밖에 없다. 중국을 머리로 하는 경제권이 형성되고 있는 셈이다. 규칙 제정자로 등장하면서 차이나 사이클은 완성 단계로 접어들고 있다.

모든 길은 실크로드로 통한다

중국 국내 사정을 살펴보면 이 프로젝트 속의 경제적 목표가 더 뚜렷하게 드러난다. 중국 경제가 직면한 가장 큰 문제는 '너무 많다'는 것이다. 성장 속도가 누그러지면서 지나친 투자로 과잉 설비, 과잉 생산, 과잉 공급의 문제가 심각하게 불거졌다. 국내에는 더 이상 투자할 곳이 없고 부동산에 손을 댔다가는 버블이 터질 위험이 크다. 외환보유액은 많이 줄었다고는 하지만 경제와 무역 규모를 감안

한 적정액(약 1조7000억 달러)보다 2배 가까이 많다. 이러한 국내 사정으로 중국 경제가 당면한 과제는 이제 '과잉시설을 어떻게 효과적으로 분산하고, 새로운 투자처를 찾을 것인가' 하는 것이다.

그 돌파구가 바로 일대일로다. 중국의 상품과 자금을 해외로 분산하자는 뜻이다. 그동안 중국의 성장은 투자에 의존했다. 중국은 SOC 건설이 어떻게 국가 경제를 끌어올리는지를 경험한 신흥국이다. 지금 그 노하우를 수출하겠다는 것이다. 노하우뿐만 아니라 철강, 시멘트, 공작기계 등 흘러 넘쳐나는 관련 제품도 함께 내보낸다. 주변 국가의 경제가 성장하면 시장이 생길 테고, 결국 중국 경제에도 도움이 된다는 논리다.

그 효과가 가시화되면서 중국 전역에 '일대일로' 붐이 일고 있다. 중앙에서는 일대일로 소조(조장 장가오리 부총리)를 중심으로 마스터 플랜을 짜느라 분주하고, 지방정부는 일대일로 사업 유치에 사활을 걸었다. 32개 성(省) 중에서 31개 성이 '일대일로'를 2015년 최고 핵심 사업으로 제시했을 정도다. 심지어 지린(吉林) 성도 '우리가 일대일로의 시발점'이라고 주장한다. "모든 길은 신실크로드로 통한다"는 말이 나올 정도다. 일대일로는 각 성에게 경제 부진을 타개할 수 있는 돌파구로 인식되고 있다.

대외명분도 당연히 경제에 있다. 중국은 정치, 군사적 방법이 아닌 경제를 내세워 주변국을 끌어들이고 있다. 이 지역 개발도상국의 경제 부흥을 위해, 그 기반이 될 SOC 건설을 돕겠다고 나선 것이다. 그들은 정치적 속셈을 철저히 감추고 오로지 경제만을 드러낸다. "경제 협력으로 주변국의 성장을 돕겠다"고 목소리에 힘을 준다. 이러한 명분에 아시아 패권을 향한 노림수라는 서방의 주장은 힘을 잃었다.

중국은 일대일로 전략을 추진하면서 철도를 앞세웠다. 바로 시속 200km 이상 달리는 고속철도가 그 무기였다. 중국에 고속철도가 등장한 시기는 2008년으로 베이징올림픽에 맞춰 베이징~톈진(天津) 구간이 개통되었다. 그 후 불과 7년 만에 세계 고속철도의 약

4종4횡 골격 갖춘 중국 고속철도

60%(약 1만8000km)를 가진 '철도 강국'으로 성장하더니 이제는 국경을 넘어 달리고 있다. 이미 라오스~태국~싱가포르를 잇는 동남아 노선이 설계 단계이고, 중앙아시아를 넘어 유럽에 닿는 노선도 검토 중이다. 리커창 총리는 동남아, 동유럽, 아프리카 등 일대일로 지역을 돌며 '고철(高鐵·고속철도)외교'에 나섰다.

철도는 글로벌 경제를 판단하는 가늠자 역할을 한다. 영국과 미국이 세계 경제 패권을 장악한 동력도 바로 철도였다. 미국은 1800년대 말 대륙횡단 철도 건설을 시작하면서 '가자 서부로(Go West)!' 붐이 일었고, 경제는 빠르게 통합됐다. 20세기 패권의 힘은 그렇게 축적됐다. 중국 상황도 비슷하다. 산둥(山東) 성을 출발한 고속철도가 서쪽 끝 신장(新疆) 우루무치에 닿고, 상하이에서 시작된 노선이 서부 충칭(重慶)까지 이어지면서 'Go West' 붐이 일고 있다. 호사가들은 이를 보고 "중국이 일대일로를 타고 세계 패권을 향해 질주하고 있다"고 말한다.

유럽이 미국의 견제를 뿌리치고 AIIB에 가입한 이유도 경제에 있다. '경제 협력으로 주변 국가의 성장을 돕겠다'는 중국의 대의명분을 이길 나라는 없다. 왜냐하면 SOC 투자, 무역자유화, 인문 교류 등 중국이 제시하는 프로젝트 내용이 구체적이고, 실질적이기 때문이다. 대상 국가는 중국의 정치적 의도를 경계하면서도 경제 협력은 쌍수를 들고 환영한다. AIIB 참가국이 57개국에 달했다는 것은 이를 뒷받침한다.

코리안 이니셔티브는 어디에?

우선 경제 측면에서 일대일로를 바라볼 필요가 있다. 일대일로의 궁극적인 지향점은 '아시아의 역동성과 유럽의 기술·시장 간의 결합'이다. 아시아의 역동성은 중국 혼자 만든 게 아니다. 한국, 중국, 일본, 대만 등 동아시아 국가가 분업하여 아시아의 발전을 이뤄왔다. 그런 논리로 접근해야 한다.

최근 중국은 유럽, 특히 독일과의 기술·시장 협력을 늘려가고 있다. 중국이 2015년 국가 프로젝트로 제기한 '중국 제조 2025'는 '독일 산업 4.0'을 카피한 것이다. 그러나 중국이 아시아 주변국과의 협력을 외면하고서는 제조업 성장 동력을 유지하기가 쉽지 않을 것이다. 한국을 포함한 동아시아 국가와의 분업적 협력을 바탕으로 독일과 산업 협력을 모색해야 한다고 설득해야 한다. 아울러 중국이 이루고자 하는 유라시아 경제권에 한국도 뛰어들어야 한다. 한국 역시 중앙아시아의 자원과 인프라 시장이 필요하다. 일대일로의 '어깨'에 타고 갈 필요가 있다는 얘기다.

일대일로 전략의 핵심 대상 지역인 중동과 동남아는 한국의 1, 2위 건설 시장이다. 중국이 막대한 자금을 풀어 이 지역의 SOC 건설에 나선다면 한국에도 기회는 온다. 중국은 동남아에서 라오스~태국~말레이시아~싱가포르 등으로 이어지는 고속철도를 깔 계획이다. 간선은 중국이 건설한다고 해도, 중소 도시를 연결하는 수많은 지선

(支線) 건설 사업에는 한국이 참여할 수 있다. 역 주변 개발도 마찬가지다.

지정학적 문제도 적극적으로 대응할 필요가 있다. 중국은 일대일로를 제기하면서 주변 정세의 평화와 안정, 발전을 강조하고 있다. 한국은 일대일로에 적극 뛰어들어 중국에 '한반도의 평화와 발전'이라는 공공재를 산출하라고 요구할 수 있다. 미국이 주도하는 TPP와 중국이 특히 관심을 두고 있는 RCEP(역내 포괄적 경제 동반자 협정, ASEAN10+6)은 우리가 활용할 수 있는 열린 공간이다. 한국은 일대일로와 '유라시아 이니셔티브'의 연계를 내걸고 있다. 중국의 동북3성 경제 발전과 연계한다면 충분히 그들의 협력을 끌어낼 수 있는 사안이다. 북한의 제4차 핵실험에 대한 정부의 대북 강경책으로 색이 바랜 유라시아 이니셔티브를 어떻게 살려내고, 중국과의 연계성을 찾아낼지는 한국의 과제다.

신창타이 경제

중국은 2016년 '제13차 5개년 규획(계획)*' 시기로 접어들었다. 이 계획의 성패는 중국 공산당 창당 100주년이 되는 2021년까지 중국 인민 전체가 의식주를 해결하고 문화생활도 즐기는 '전면적인 소강 (小康)사회'를 건설할 수 있느냐에 달렸다고 그들 스스로 말한다.

집단지도체제인 중국에서 경제는 총리가 담당해 왔다. 그래서 시 진핑 정권 출범 초기엔 리커창 총리의 경제학을 뜻하는 리커노믹스 (Likonomics)*란 말이 나왔다. 그러나 얼마 뒤 이 말은 자취를 감췄

제13차 5개년 규획(계획) 2016년부터 2020년까지 5개년 동안 중국 경제 발전 목표와 방향을 제시하는 5개년 플랜이다. 5개년 규획은 중국 경제사회 발전의 중장기적 목표와 방향을 제시하는 핵심 강령으로 1953년 제1차 5개년 계획을 시작으로 현재 13차에 이르고 있다. 10번째 까지는 계획(計劃)이었으나, 2006년부터 시작된 11차부터는 계획 경제의 의미를 희석시키기 위해 규획(規劃)으로 바꿨다.

다. 그 자리를 대신한 건 시진핑의 '신창타이(新常態 · New Normal)'
다. 중국 경제가 고도 성장기를 지나 중속(中速) 발전의 새 시대를 맞
았다는 것이다.

7% 성장으로도 1000만 개 일자리

신창타이 논리는 고용에서 시작한다. 중국은 매년 약 1000만 개의
신규 일자리 수요가 발생한다. 이를 만족하려면 과거 10% 안팎의
성장이 필요했다. 국내총생산(GDP) 1%포인트 성장이 약 100만 개
의 일자리를 창출했기 때문이다. 그런데 지금 GDP 1%포인트 성장
은 150만~170만 개의 일자리를 만든다. 고용 유발 효과가 큰 서비
스 산업의 빠른 성장이 만든 현상이다.

실제로 중국 통계국은 7%대의 경제 성장률로도 1000만 개 일자리
창출이라는 고용 목표를 달성하고 있다고 발표했다. 7.7%의 성장률을
기록한 2014년에 1300만 개 일자리가 생겼다. 6.9% 성장한 2015년도
마찬가지였다. 당국은 무리한 부양책 없이도 고용 안정을 이룰 수 있
는 '뉴 노멀' 시대가 열렸다고 설명한다. 즉 "7%대로도 일자리 창출에

리커노믹스   리커노믹스(Likonomics)는 중국 경제 정책을 책임지고 있는 리커창 총리의 이름
과 경제(economics)를 합쳐 만든 단어로 '리커창의 경제 정책'을 의미한다. 인위적 경기부양책을
동원하지 않고, 디레버리징(부채 축소)하며 지속적으로 구조개혁을 한다는 것이다. 경기부양을
위해 무작정 돈을 풀지 않는다는 점에서 기존의 경제 정책과 차별성이 있다.

문제가 없는데 굳이 10%대의 고속성장을 억지로 유지할 필요가 없다. 대신 중국은 구조개혁에 나선다"는 것이 신창타이의 논리다.

신창타이라는 말을 처음 꺼낸 사람은 시진핑 국가주석이다. 2014년 허난(河南) 성을 방문해 "경제가 중요한 변곡점을 지나고 있는 지금, 신념을 갖고 '신창타이'에 적응해야 한다"고 말한 게 계기였다.

과거와는 다른 새로운 방식과 표준으로 경제를 이끌어 가겠다고 표현한 것이다. 핵심은 '개혁을 통한 성장(改革紅利)'이다. 이를 위해 중국은 국유기업 독점 분야를 민간에 개방하고, 시장을 옥죄는 행정 규제를 과감히 풀었다. 제조업보다는 서비스업, 투자보다는 소비에서 성장의 동력을 찾겠다는 구조개혁과 일맥 상통한다. 물론 시진핑의 권력 강화와 함께 시장에 대한 국가 개입이 더 늘어나는 움직임이 포착되고 있기는 하다. 그렇다고 시 주석이 시장의 조절작용을 강화하겠다는 기본 방침을 철회한 것은 아니다.

신창타이는 이제 경제를 뛰어넘는다. 그들은 2014년 18기 4중전회에서 결정된 '법에 의한 통치(依法治國)'를 '신창타이 정치'라고 표현한다. 중국몽을 일깨우며 신형대국관계, 주변국 외교 등을 추진하는 시진핑 주석의 대외 정책은 '신창타이 외교'로 포장된다.

신창타이의 종착점이 어디인지는 알 수 없다. 분명한 것은 시진핑 체제가 정치, 경제, 사회 등 모든 분야에서 이전과는 다른 모습의 중국을 만들기 위해 도전하고 있다는 점이다. 이제 옛날 시각으로 중국을 보고 평가해서는 '시진핑의 중국'을 제대로 분석할 수 없다.

차이나 3.0의 발전모델

신창타이 경제의 속성이 무엇인지 알려면 그동안 중국이 걸었던 발전 과정을 살펴볼 필요가 있다.

1949년 건국과 함께 시작된 마오쩌둥의 30년 치세(治世)는 '차이나 1.0'의 시기였다. 계급투쟁이 모든 걸 지배하던 때였다. 마오는 정치, 경제, 사회, 심지어 문화에 이르기까지 모든 분야의 발전을 계급투쟁으로 봤다. 그렇게 시작된 게 대약진 운동이고, 수천만 명이 굶어죽고 나서야 모험은 끝났다. 대약진 운동 실패의 책임을 지고 잠시 물러났던 마오쩌둥이 권력을 되찾는 과정에서 터진 게 바로 중국 사회를 10년 동안이나 갈가리 찢어놓은 문화대혁명이다. '차이나 1.0'을 투쟁의 시기로 부르는 이유다.

덩샤오핑(鄧小平)이 열고 장쩌민(江澤民), 후진타오(胡錦濤) 주석이 이어받은 '차이나 2.0'은 제조의 시기였다. 덩샤오핑은 경제를 계급투쟁이 아닌 비교우위의 관점에서 봤다. 농촌과 도시 뒷골목에서 빈둥대던 노동자를 공장으로 끌어냈다. 2001년 WTO 가입으로 이들 6억 노동자는 하루아침에 서방 경제시스템에 편입됐다. '세계 공장'이 돌기 시작한 것이다. 세계 제2위 경제대국이 '차이나 2.0'의 성적표다.

시진핑-리커창 체제가 등장하며 중국은 '차이나 3.0'으로 진입했다. 빈부격차, 공급과잉, 지방정부 부채 등 새 지도부가 직면한 경제 현실은 어느 것 하나 녹록지 않다. '성장만이 살 길이다'며 달려온 '2.0' 시기에 잉태됐던 고질이다. 문제의 밑바닥에 '3개 균형의 상실(三個失衡)'이 있다. 성장은 지나치게 투자에 의존하고, 기업은 내수보다는 해외 시장에 기대고 있다. 국유체제가 부를 독점하면서 민간 부문은 소외되고 있다. 신창타이는 그동안 성장과정에서 잉태한 문제점을 해결하자는 뜻을 담고 있다. 성장이 다소 늦더라도 왜곡된 경제를 바로잡겠다는 의지다.

길은 오직 하나, 개혁뿐이다. 시진핑은 '3개 전변(三個轉變)'을 말한다. 투자가 아닌 소비에서 성장의 동력을 찾고, 제조업보다는 서비스업을 육성하고, 산업고도화를 통해 투입의존형 성장 패턴을 탈피하겠다는 뜻이다. 3개 불균형을 바로잡기 위한 '재균형(再平衡·Re-balancing)' 작업으로 시진핑 경제의 뼈대이기도 하다. 여기서 핵심은 소비다. 소비 시장을 키우지 않고는 '중진국의 함정'을 피할 수 없다는 게 그의 신념이다.

중국 정부는 더 많은 돈이 가계 부문으로 흘러가도록 유도하고 있다. 임금이 매년 20% 안팎으로 오르는 이유도 여기에 있다. 미국 브루킹스연구소는 〈새로운 세계 중산층(The New Global Middle Class)〉이라는 제목의 보고서를 통해 중국의 중산층이 2010년 약 1억 명 수준에서 2020년에는 6억700만 명으로 증가할 것으로 분석했다. 인구의 절반 정도가 중산층 대열에 합류하는 셈이다.

중국은 많은 품목에서 '세계 최대 시장'을 자랑한다. 현대 문명의 대표적인 소비품 자동차 부문에서 중국은 2009년 미국을 제치고 그 자리를 차지했다. 세계 최고 히트상품인 스마트폰 역시 2014년 미국을 제치고 1위 자리를 꿰찼다. 중국 소비는 한국으로도 넘쳐 흘러 들어오기도 한다. 한 해 약 600만 명의 중국 관광객이 한국을 찾아 면세점 고가 브랜드 제품을 쓸어간다.

14억 인구가 분출하는 구매력, 이것이 의미하는 바는 분명하다. 중국이 '제조의 시기'에서 '소비의 시기'로 변해가고 있다는 것이다. 그게 차이나 3.0의 핵심이요, 신창타이 경제의 모습이다.

신창타이의
설계자

과거에는 5개년 계획을 수립하기 위한 준비작업 성격의 지방 시찰은 총리 몫이었다. 그러나 이젠 시진핑 주석이 직접 챙긴다. 그런 시진핑의 경제 책사(策士)가 류허(劉鶴) 발전개혁위원회 부주임 겸 중앙재경영도소조판공실 주임이다. 시진핑은 2013년 중국을 방문한 톰 도닐런 백악관 국가안보보좌관에게 류허를 매우 중요한 사람이라고 소개하기도 했다. 신창타이 개념을 설계한 이가 바로 류허다. 류허에겐 '중국 경제정책의 핵심 두뇌' '미래 중국 경제 발전의 이론 조타수' 등의 별명이 따른다.

1952년 베이징에서 태어난 류허는 시진핑의 101 중학 동창으로 농민과 군인, 노동자, 유학생 신분을 모두 갖추었다. 문화대혁명 기간인 1969년 '농촌에서 배우자'는 구호 아래 지린 성으로 내려가 농촌에서 1년을 일했다. 이후 38군에 입대해 3년 동안 군 생활을 했

시진핑과 류허

고 제대한 뒤엔 베이징의 라디오 공장에 취직해 5년을 노동자로 일했다. 류허에게 새로운 길이 열린 건 1978년 대학 입시가 부활하면서다. 그는 런민(人民)대학 공업경제학과에 입학해 석사학위까지 취득한 뒤 1987년 국무원발전연구중심에 들어가며 두각을 나타냈다. 1988년엔 국가계획위원회에 배치돼 10년을 근무하며 산업정책에 깊숙이 참여했다. 그는 1990년대에 향후 20년 세계 경제 성장을 이끌 쌍두마차로 중국의 도시화와 선진국의 첨단기술 발전을 꼽아 주목을 받았다.

1998년엔 중국의 저명 경제학자 판강(樊綱)과 함께 밥을 먹다 중국의 경제발전에 정책 대안을 제시하는 중국 일류 경제학자의 모임인 '50인 포럼'을 조직했다. 중국은 이 포럼에서 독립적으로 사고하는 많은 중국 경제학자의 지혜를 구했다.

류허가 중국 경제의 미래 설계에 깊숙이 참여하기 시작한 건 2003년 중국 공산당의 경제 업무를 책임지는 중앙재경영도소조판공실 부주임이 되면서다. 2013년엔 주임을 맡아 중국 경제의 실질적 책임자가 됐다. 이 소조 조장이 시진핑이다. 류허가 중국 경제의 밑그림을 그리면 리커창이 이를 시행한다는 말이 나온 배경이기도 하다. '지금 중국 경제의 최고 실세는 리커창이 아닌 류허'라는 말이 나오는 이유다.

2008년 뉴욕발 금융위기 때는 당시 총리 원자바오(溫家寶)의 특명을 받고 미국으로 날아가 미국의 위기가 얼마나 심각한지 특별 조사를 하기도 했다. 그가 조사한 것을 토대로 중국은 4조 위안(약 750조 원)의 부양책을 썼다.

2014년 《중국재경신문》이 선정한 중국 경제 브레인에서 류허가 1위에 올랐다. 그가 1930년대의 대공황과 2008년의 글로벌 금융위기를 비교해 쓴 논문 〈두 차례 글로벌 대위기 비교 연구〉가 중국 내 경제 부문 최고의 상인 쑨예팡(孫冶方) 경제과학상을 수상했다.

경제가 제대로 작동하려면 시장이 중요한 역할을 해야 한다고 믿는 류허는 지난 30년 중국의 개혁 개방 정책은 약효가 다 됐다고 보았다. 과거 요소 투입형 성장방식의 조건과 환경에 근본적인 변화가 생겼기에 발전 방식을 바꾸지 않으면 중국 경제에 미래는 없다고 생각한 것이다. 그는 앞으로 혁신이 성장의 원동력이 돼야 한다고 보고 중국의 이익과 세계의 이익 사이에서 교집합을 찾아야 한다고 주장했다. 류허는 중국사회과학원의 위융딩(余永定) 박사나 부동산 재벌 런즈창(任志强) 등과 가까운 사이다.

류허의 부상에는 시진핑의 신뢰가 깔려 있다. 두 사람은 1960년 대 베이징 101중학에 다니면서 서로 알게 됐다. 2007년 제17차 당 대회에서 시진핑이 정치국 상무위원에 처음 당선된 이래 류허는 현지 시찰을 수행했다. 특히 2012년 류허가 광둥 지역을 찾았을 땐 왕양 광둥 성 서기가 그를 만나 경제개혁을 논의했다. 석 달 뒤 당 총서기에 취임한 시진핑이 첫 지방 시찰지로 광둥(廣東) 성을 찾은 배경이다. 1992년 덩샤오핑이 남순강화(南巡講話)를 할 때와 비슷한 행보였다. 같은 해 12월 시진핑은 '신(新)남순강화'라는 연설을 했 다. 요지는 "중국의 개혁은 이미 견고한 적을 공격해야 하는 시점(攻 堅期)이자 (발로 더듬으며 건널 수 없는) 심수구(深水區)에 접어들었다. 정 치적 용기와 지혜를 가지고 실기(失機)하지 말고 중요 영역에서 개 혁을 심화해야 한다"는 내용이었다. 당시 시진핑의 연설은 류허의 지론과 같았다.

미국 브루킹스연구소의 리청 박사(시니어펠로)는 "류허는 중국의 래리 서머스"라고 평가했다. 래리 서머스 전 재무장관은 미국 경제 를 물밑에서 움직여 온 책사다. 하지만 텔레비전 대담 프로에 단골 로 출연하는 서머스와 달리 류허는 대중을 피한다. 중국의 정치 중 심지인 중난하이에서 소수의 지도자만을 위해 일하고 있다.

진정한 책사다.

제조 혁신 2025

차이훙핑(蔡洪平) 도이체방크 아시아 태평양 기업 금융 사장은 '아시아 최고의 딜 메이커'라는 찬사를 받는 인물이다. 2015년 초 그는 돌연 사퇴를 선언하고 '한더(漢德)펀드' CEO로 자리를 옮겼다. 글자 그대로 중국-독일 펀드라는 뜻이다. 아직 출범조차 하지 않은 투자 회사였다. 이런 그를 두고 업계의 많은 사람이 의아해했다. 그는 왜 안정된 일자리를 던지고, 험한 길을 선택한 것일까.

독일을 배워라

업계의 궁금증은 수면 속 한더펀드가 모습을 드러내면서 풀렸다. 한더펀드의 투자 대상은 중국과 독일의 중소기업이었다. 독일 기술을 필요로 하는 중국 기업과 중국 시장에 진출하려는 독일 기업을 연결해준다. 초기 설립자금은 10억 달러이고 중국 국부펀드가 대주주로 참여한다. 국가의 의지가 담긴 투자회사임을 알 수 있다. 차이훙핑은 '독일 기술 유치'라는 국가 프로젝트에 뛰어든 셈이다.

지금 중국과 경제적으로 가장 친한 나라는 최강 미국도, 이웃 기술 강국 일본도 아닌 독일이다. 2013년과 2014년 양국 정상은 4차례나 서로 오가며 친밀함을 과시했다. 이슈는 '혁신 협력' 하나였다. 제조업 강국을 향한 '중국 제조 2025'가 바로 그 결과물이다.

2015년 3월 독일 하노버 세빗(Cebit) 개막 연설에 나선 리커창 총리는 "독일의 '인더스트리 4.0'과 '중국 제조 2025'는 같은 콘셉트"라고 말해 '인더스트리 4.0'(2013년 등장)이 '제조 2025'의 원조임을 털어놨다. 랴오닝(遼寧) 성 선양(瀋陽)에서는 '중국·독일 중장비 혁신 시험공단'을 건설 중이다. 이 공단은 '중국제조 2025, 독일 인더스트리 4.0 공단'으로도 불린다. 중국은 그렇게 독일과 스크럼을 짜고 제조 혁신에 나섰다.

중국은 이제 '탈(脫)아시아' 움직임을 보이고 있다. 지난 30여 년 중국의 산업 협력 파트너는 일본, 한국, 대만 등 동아시아 국가였다. 이들 나라에서 생산한 부품을 중국에서 조립해 미국, 유럽에 파는 분업 구조였다. 그러나 기술 수준이 높아진 중국 기업이 부품을 국내에서 조달하면서 이 구조는 깨지고 있다. 생산 대국 중국과 기술 강국 독일이 손을 잡는다면 중국 경제의 탈아(脫亞) 추세는 더 가속

화할 게 분명하다. 중국과 주변 아시아 기업은 협력, 분업이 아닌 경쟁 대상으로 바뀔 가능성이 높다. 그렇다면 경쟁에서 뒤진 기업은 시장에서 보따리를 싸야 할 것이다.

문제는 이 모든 것이 한국 기업과 직결된다는 것이다. 산둥 성 옌타이(煙臺)에 공장을 두고 있는 두산인프라코어는 2010년까지만 해도 중국 굴착기 시장의 약 15%를 차지하는 최강자였다. 그해에 2만 대 이상을 팔았다. 그러나 현재 시장 점유율은 절반 수준으로 떨어졌다. 현지 기업의 약진 때문이다. 특히 건설장비 분야 대표 기업인 싼이(三一)중공업에 밀렸다. 2010년 6.6%였던 이 회사 시장 점유율은 지금 약 17%에 달한다. 역전이었다.

싼이가 기술을 들여오는 나라가 바로 독일이다. 싼이는 2012년 독일 유명 중장비 회사인 푸츠마이스터 인수를 계기로 기술을 빨아들이기 시작했다. 독일 쾰른에 연구개발센터와 교육센터도 세웠다. 두산의 한 관계자는 "싼이는 기술 면에서도 이미 한국 제품을 따라잡았다"며 고개를 절레절레 저었다.

중국 기업이 기술로 무장하면 한국 기업은 어느 나라보다도 먼저 중국 시장에서 밀려났다. 가전에 이어 철강이 그랬고 화학제품이 그러하며, 심지어 한국이 경쟁력을 갖췄다는 자동차, 스마트폰도 장담할 수 없다. 중국과 독일의 혁신 제휴가 부담스러운 이유가 바로 이것이다.

세계는 지금 제조혁신 전쟁 중이다. 슬로건은 다르지만 미국, 프랑스, 일본도 모두 스마트 제조 환경을 구축하고 있다. 한국 역시 '제조혁신 3.0'을 추진하고 있다. 그런데 한국의 혁신 목표는 대부분 박근혜 대통령 임기가 끝나는 2017년에 맞춰져 있다. 다음 대통령 때는 어떻게 바뀔지 아무도 모른다. 혁신에서 기술 개발 못지않게 중요한 게 상업화다. 규제는 상업화의 독이다. 그럼에도 한국의 규제 철폐 관련 법안은 국회에서 잠자고 있다. 그래서야 어찌 독일과 손잡고 내달리는 중국을 이길 수 있겠는가.

한때 한국은 중국을 '세계의 하청 공장'이라고 깔봤다. '대한민국은 그 하청 공장을 돌리는 R&D센터'라며 호기도 부렸다. 그러나 기술 개발에서 뒤처지고 시장 혁신에서 멀어진다면 한국이 거꾸로 중국의 하청 공장으로 전락할 수 있다.

그 게임은 이미 시작됐다. 2016년 보아오 포럼에서 만난 노벨 경제학 수상자인 에드먼드 펠프스 콜럼비아대학 교수는 "중국은 혁신이 사회전반으로 퍼져 나가고 있지만 한국은 삼성 등 일부에 그치는 느낌"이라고 말했다. 중국과 한국은 혁신에서도 차이가 벌어지고 있다.

인터넷+, 재봉틀과 인터넷의 만남

"중국은 세계인이 입는 옷의 약 70%를 만든다. 물론 싸다. 저임 노동자들이 재봉틀에 매달려 만든 옷을 1달러 정도에 수출한다. 재봉틀은 밤새 돈다. 시골에서 올라온 여공은 근무 배정에 따라 밤낮을 오가며 작업한다. 그렇게 약 1억 장의 옷을 만들어 수출하면, 그 돈으로 미국에서 보잉기 한 대를 사온다."

'세계 공장' 중국을 얘기할 때 흔히 거론되는 얘기다. 그 공장에서 지금 무슨 일이 벌어지고 있을까?

칭다오(靑島)의 의류전문 업체인 훙링(紅領)은 흔히 '레드 컬러'로 불리는 회사다. 이 회사 공장 취재 과정에서 재미있는 현상을 하나 발견했다.

사진을 보면 알 수 있듯이 재봉틀은 일반 '부라더 미싱'과 크게 다르지 않다. 그런데 재봉틀 왼쪽에 뭔가 달려 있다. 생산라인 책임자에게 물으니 액정 화면으로 되어 있는 '작은 컴퓨터'라고 했다.

이 회사 CEO인 장원란(張蘊藍) 총재는 다음과 같이 설명했다.

"우리 회사의 모든 옷은 주문자 설계 방식으로 만듭니다. 고객이

재봉틀과 인터넷의 만남

주문하는 대로 설계해서 배송하지요. 생산 라인의 컴퓨터를 통해 설계 정보를 뿌립니다. 직원은 컴퓨터의 설계 데이터를 보면서 옷을 만들지요. 일인일복(一人一服), 같은 옷은 없습니다."

여공들은 각각 재봉틀 왼쪽 액정에 나오는 정보에 따라 옷을 마름질하고, 바느질하고, 다리미질을 한다. 재봉틀과 컴퓨터의 결합이다. 장 총재는 "공장 자동화 단계를 뛰어넘어 스마트 세계로 곧장 넘어갔다"고 설명했다.

한편 웃음도 나왔다. '다들 스마트, 스마트 하니까 컴퓨터 달아놓고 쇼하나?' 하는 생각이 들었기 때문이다. '수많은 체형을 어떻게 만족시킬 것이며, 그러다 아주 이상한 옷이 나오면 어쩌려고…….' 그러나 설명을 들을수록 '그럴 수도 있겠구나' 하는 생각이 들었다.

장원란 총재는 이어서 좀 더 자세히 설명했다.

"이 시스템을 구축하는 데 12년이 걸렸습니다. 12억6000만 위안(약 2200억 원)을 투입했습니다. 국내외 220만 명을 대상으로 체형을 연구해 DB화했습니다. 여기서 추출된 디자인 설계 DB가 1000만 개, 옷 모델이 100만 개 정도 됩니다. 고객은 우리 사이트를 방문해 수많은 설계와 모델을 자신의 체형과 취향에 따라 선택하고, 조합해 우리에게 보내면 됩니다. 그 정보가 모니터를 통해 우리 생산라인에 뿌려지는 거지요. 생산 공정시스템이 이래저래 300개 정도 됩니다. 일부는 컴퓨터로 공정을 하고, 일부는 수공으로 합니다."

옷을 만들어 달라는 주문이 들어오면, 7일 안에 만들어 배송한다.

물론 해외로도 나간다. 서양인을 만족시킬 수 있는 설계와 모델도 충분히 쌓여 있다. 당연히 이 회사는 매장도 없고, 유통망도 필요없다. 소비자와 공장이 직거래하기 때문이다.

옷 제작의 역사를 보면 충분히 수긍할 수 있는 얘기다. 옷은 원래 수공(手工)제품이었다. 재단사가 고객의 신체를 잰 다음 그에 따라 옷을 만들어준다. 개성있는 제품이다. 그러나 산업혁명으로 공장으로 옷이 들어가면서 대량 생산시대로 접어들었다. 지금은 이미 만든 옷에 내 몸을 끼워 넣는다. 몰(沒)개성이다. 지금두 물론 개성화한 맞춤 옷이 있다. 유명 인사는 양복도 맞춰 입는다. 그러나 비싼 게 흠이다. 중국 기업 레드 컬러는 지금 그걸 극복하겠다고 나섰다.

장원란 총재는 "충분히 개성을 살리면서도 가격은 대량 생산된 옷과 큰 차이가 없다"고 말했다. 유통 비용을 줄였기 때문이다. 그는 "명품브랜드의 10분의 1 가격으로 명품 못지않은 맞춤 옷을 만들고 있다"고 자신했다. 매출과 영업이익을 묻자 150% 정도 성장했다고만 답했다. 충분히 잘 나가고 있다는 말이었다.

리커창 총리가 제기한 '인터넷+' 정책은 이제 전통 옷 공정에까지 불어닥쳤다. "우리가 여긴 더 이상 머물 곳이 아닌가봐" 하며 야반도주했던 바로 그곳에서 벌어지고 있는 일이다.

**칭화유니그룹
자오웨이궈 회장**

반도체 굴기
총대 멘
배고픈 호랑이

세계 반도체 시장에 먹잇감을 노리는 '배고픈 호랑이'가 등장했
다. 600억 위안(10조8492억 원)을 투자해 중국에 메모리 반도체 공장
을 짓겠다고 나선 중국 칭화유니(紫光·쯔광)그룹의 자오웨이궈(趙偉
國) 회장이다.

중국 칭화(淸華)대학이 세운 지주회사 칭화홀딩스가 51%의 지
분을 보유한 칭화유니그룹은 2013년만해도 허브, 약제, 음료 등을
생산하는 그럭저럭한 국유기업 중 하나였다. 이 회사의 환골탈태를
주도한 사람이 자오웨이궈다.

반도체 국산화는 중국 정부의 숙원 사업이다. 중국은 전 세계에
서 생산하는 반도체의 절반 이상을 쓰는 최대 소비국이다. 컨설팅업
체 프라이스워터하우스쿠퍼스(PwC)에 따르면 2014년 전 세계 반도
체 시장(3358억 달러)에서 중국이 차지하는 비중은 56.6%이다. 2013

년에는 반도체가 원유를 제치고 중국의 제1수입품이 됐다. 맥킨지는 "중국은 자국에서 쓰는 반도체의 90%가량을 수입한다"고 분석했다.

이런 현실을 타개하기 위해 중국은 1990년대부터 국가 주도로 반도체 국산화를 추진했으나 사실상 실패했다. 그러나 포기하지 않았다. 2014년 6월에 '국가 반도체산업 발전 추진 요강'을 발표하고 1200억 위안 규모의 펀드를 조성했다. 맥킨지는 "관료 주도형 반도체 육성 계획이 실패하면서 최근 시장에 기반한 육성으로 전환했다"라고 분석했다.

이때 혜성같이 등장한 인물이 자오 회장이다. 그는 11세 때까지 중국 신장 위구르 자치구에서 돼지와 양을 키우는 목동이었다. 그에게 기회가 온 건 문화대혁명 후 부활한 대학시험(高考·가오카오)이었다. 공부로 인생을 바꿀 수 있다고 생각한 그는 학업에 매진했다. 그는 신장 샤완(沙灣) 현 출신으로는 처음으로 명문 칭화대학 전자공학과에 입학했다. 자오웨이궈는 TV를 수리하며 학비를 벌었다. 석사학위를 딴 뒤 국유기업인 칭화통팡(淸華同方)에서 일했지만 도전과 모험심이 강한 그에게 국유기업은 지루했다. 마침내 그는 결단을 내렸다. 100만 위안을 들고 신장으로 돌아갔다. 그곳은 기회의 땅이었다. 당시는 중국 부동산이 크게 성장할 때였다. 탄광사업도 유망했다. 그는 2000~2008년 부동산과 탄광 투자로 대박을 내 45억 위안의 자산가가 됐다.

이후, 돈을 들고 베이징에 진출했다. 2005년 베이징에 투자회사 첸쿤(乾坤)을 세웠다. 2009년에는 첸쿤을 통해 칭화유니 지분 49%를 사들여 칭화홀딩스에 이어 2대 주주가 됐다. 자오웨이궈는 뛰어난 경영 능력을 발휘해 '배고픈 호랑이'라는 별명을 얻었다. 그의 눈에 들어온 새 먹잇감이 메모리 반도체다. 중국의 '반도체 굴기'는 이렇게 시작됐다.

자오 회장의 공격적 행보는 세계 반도체업계를 뒤흔들었다. 대만의 반도체 후공정업체인 파워텍 지분을 사들이고, 미국의 낸드 플래시 메모리 회사인 샌디스크도 손에 넣었다. 그에게 총알은 충분했다. 반도체 공장을 짓기 위한 자금은 선전거래소에 상장한 자회사 통팡궈신(同方國芯)의 유상증자로 조달할 계획이다. 2016년 초 300억 달러를 조달해 메모리칩 분야에 집중 투자하겠다고 밝혔다.

게다가 국가가 자오 회장의 뒤를 받쳐주었다. 중국은 2010년부터 이미 '반도체 굴기' 프로젝트를 추진했다. 삼성전자, SK하이닉스 등이 표적이었다. 이 프로젝트의 첨병이 바로 자오 회장이다. 중국 국가의 강력한 정책 의지, 국유 금융기관의 자금 지원 등이 어우러진 국가 자본주의 시스템이 한국을 위협하고 있다.

시진핑 경제학

영화배우 로널드 레이건(Ronald Reagan)이 미국의 제40대 대통령에 오른 건 1981년 1월이었다. 그 후 그는 8년 동안 미국을 이끌었다. 1980년대 미국은 레이건의 시대였던 셈이다. 그가 대통령에 오르기 전 미국 경제는 심각한 위기에 직면했다. 1973년 석유파동의 여파가 아직 가시지 않았고, 경제는 스테그플레이션(저성장 고인플레)에 시달리고 있었다. 어떻게 극복할 것인가?

레이건은 바로 공급주의(Supply-side) 경제정책을 들고 나왔다. '생산자에게 동기를 부여함으로써 성장과 고용을 달성하겠다'는 구상이다. 그래서 나온 게 바로 감세와 규제완화를 축으로 하는 '레이거노믹스(Reaganomics)'다. 조세 감면이 기업의 투자를 부추기고, 노동공급을 촉진하여 장기적으로는 경제성장을 촉진할 것이라는 논리였다. 레이거노믹스는 인플레이션을 잡았고, 1990년대 미국 성장의 기틀이 됐다는 평가를 받는다.

레이거노믹스가 오늘 다시 살아나고 있다. 미국과 1, 2위 경제 대국의 자리를 놓고 경쟁하는 중국에서 말이다. 시진핑의 '공급 측 개혁(Supply-side reform)'이 바로 그것이다. 투자, 소비, 수출이 경제의 수요 측면을 대표한다면 공급은 노동력, 토지, 자본, 개혁 등 4대 요소를 포함한다. 수요 측면의 투자와 수출에 의존했던 경제발전 방식을 새롭게 하겠다는 의지로 풀이된다.

레이거노믹스의 부활?

시진핑 국가주석의 경제 책사 류허 중앙재경판공실 주임이 광둥성을 시찰하며 '공급 측(供給側) 개혁'이라는 말을 처음 제기한 건 2015년 10월이다. 그리고 정확히 한 달 후인 11월에 시진핑은 중앙재경영도소조 회의에서 공급 측 개혁을 강조했다.

그리고 며칠 후 리커창 총리와 시진핑이 또다시 공급 측 개혁의 중요성을 거론했다. 중국 리더들이 반복적으로 무엇인가를 말할 때는 대개 강렬한 신호를 발신하는 것으로 봐야 한다. 시진핑과 리커창이 함께 외친 공급 측 개혁은 중국 경제가 거대한 전환을 시작했다는 선언이었다.

아니나 다를까. 2015년 12월에 개최한 중앙경제공작회의의 핵심

의제 역시 공급 측 개혁이었다. 공급 측 개혁은 공급 측면의 구조적인 개혁을 뜻한다. 중국은 과거 경제 성장의 삼두마차로 투자와 소비, 수출을 꼽았다. 이는 수요 측면에서 본 것이다. 투자를 확대하고 소비를 늘리며 수출을 확대하는 건 모두 수요 측면의 경제 성장 방식이다. 현재 중국 경제는 수출과 소비가 부진해 정부 투자로 성장을 이어가고 있다.

이에 반해 공급 측면의 경제 성장 방식이란 기업 혁신을 격려하고 낙후 산업을 두태시키며 세금 부담을 낮춰 경제 발전을 이끄는 것을 말한다. 산업과 기업의 각도에서 문제를 인식해 경제를 장기적으로 업그레이드하려는 것이다. 수요 측면이 경제 운영의 결과를 따지는 것이라면 공급 측면은 원인을 중시한다.

그렇다면 시진핑은 왜 이 시점에 공급 측 개혁을 강조한 것일까. 이와 관련해선 리커창이 개최한 좌담회에 참석해 공급 측 개혁의 필요성을 역설한 텅타이 중국 완보(萬博)경제연구원 원장의 말을 들어볼 필요가 있다.

2008년 뉴욕발 금융위기 이후 2009년까지 미국은 물론 중국도 경제가 어려웠다. 그러나 2010년 이후 미국과 중국 경제는 완연히 다른 길을 걷고 있다. 미국은 신속하게 침체의 터널을 벗어나고 있는 데 반해 중국은 2010년 이후 5년 연속 내리막 추세다. 왜 그럴까. 미국 정부가 시중에 돈을 푼 양적 완화 정책의 영향도 있겠지만 정작 중요한 건 애플의 아이폰 공급으로 새로운 수요가 창출되고,

이것이 미국 경제 발전의 새로운 동력이 됐다는 것이다.

즉 2010년 이후 인공지능을 이용하는 것과 같은 다양한 신상품이 미국에서 생산되어 미국의 소비를 일으키고 투자는 회복되었으며, 또 수출이 증가하여 미국을 다시 세계 경제를 이끄는 기관차로 만든 것이다. 반면 중국은 2008년에 4조 위안을 풀었지만, 2009년 경기가 반짝 회복했을 뿐 2010년 이후엔 하강 국면에서 탈출하지 못했다. 무엇이 문제일까. 리커창 총리가 이따금 토해내는 우려 가득한 목소리에서 답을 얻을 수 있다.

리커창 총리는 "중국 기업도 화장실용 비데를 생산하고 있지만 인민은 일본 여행을 가서 비데를 사재기하고 있다"며 걱정했다.

사실 화장품은 한국에서, 분유는 호주와 독일에서 구매하는 등 가는 곳마다 '묻지마 쇼핑'을 하는 바람에 그 나라 사람들이 쓸 것도 부족하게 만들었다.

리커창 총리는 또한 "중국 기업은 왜 볼펜 하나도 제대로 못 만드느냐"는 불만을 토로하기도 했다. 중국이 매년 380억 개의 볼펜을 생산하지만 그 볼펜 잉크의 90%를 일본이나 독일 등에서 수입하고 있는 현실을 지적한 것이다.

중국이 세계의 공장이 된 지는 오래다. 한데 문제는 정작 중국인이 원하는 것을 만들지 못하고 있으며, 생산한다 해도 제품의 질이 조악해 소비자의 기대를 충족시키지 못한다는 사실이다. 재고가 쌓이는 건 당연하다. 그래서 과잉 생산의 문제를 풀지 못하고 있다는 논리다.

그렇다면 앞으로 어떻게 할 것인가.

물론 적극적인 재정정책을 펼쳐 경기를 부양하는 것도 필요하겠지만 궁극적으론 스티브 잡스의 애플이 했던 것처럼 새로운 공급을 일으켜야 한다. 그러기 위해서는 지식산업, 정보산업, 문화산업, 금융산업, 서비스업 등 다섯 개의 소프트 부문을 주목해야 했다.

중국 일각에선 공급 측 개혁을 시진핑 경제학(Xiconomics)이라 부르기도 한다. 이제 시진핑이 이끄는 중국 경제가 나아갈 방향은 분명하다. 다섯 개 소프트 부문의 산업 발전을 최대한 지원하는 것이다. 이는 중국 정부가 강조해온 혁신(創新)과 연결돼 있다. 낙후 산업 도태와 관련해선 정부의 지원으로 간신히 생명을 유지하면서 소비자의 욕구를 충족하지 못하는 제품만 양산하는 이른바 좀비기업에 대한 대대적인 퇴출 작업이 진행될 전망이다.

기업하기 좋게 세(稅) 부담도 낮출 것으로 보인다. 텅타이는 3조 위안 감세로 기업 부담을 경감하고 투자와 소비 활력을 이끌어내자고 주장한다. 동시에 3조 위안 채권을 발행해 투자할 곳을 찾지 못하고 떠도는 돈을 흡수하자는 것이다.

"옛것이 떠나지 않으면 새것이 올 수 없다(舊的不去 新的不來)"는 말이 있다. 중국은 이제 경제의 수요 측면 강조에서 공급 측면 강조로 거시경제 정책의 대전환을 이루고 있다. 중국이 가는 길을 세세히 점검하며 한국 경제의 나아갈 길을 잘 다듬어야 한다. 경제는 개개인의 생계(生計)와 직결된 문제로 죽고 사는 전장과 다를 바 없기 때문이다.

페달을 밟아야 굴러가는 경제

자본주의 시장경제에도 경기 사이클은 있다. '수축-회복-확장-후퇴'의 주기를 탄다. 그러나 중국과 서방의 경기 사이클은 변동의 주체가 다르다. 서방에서는 시장 참여자들의 선택적 활동에 따라 경기 사이클이 변한다. 각 경제 주체는 서로 영향을 주고 받으며 이익의 타협점을 찾는다. 이것이 시장의 힘이다.

중국의 경기 변동은 보이는 손, 전적으로 국가가 개입해 야기된다. 경기가 죽을 만하면 정부가 돈을 풀어 투자에 나선다. 불황이 무섭기 때문이다. '시장의 힘'을 강조하는 리커창 총리조차 "중국 경제는 페달을 밟지 않으면 쓰러지는 자전거 같다"며 정부의 개입을 정당화한다.

2008년 미국발 세계 금융위기가 터졌다. 미국에서 수출품을 받아주지 않자 도시 공장에서 일하던 수천만 명의 중국 농민공은 보따리를 싸야 했다. 도시 기차역에는 때아닌 귀성행렬이 이어졌다. 실업률이 높아지고, 민심은 흉흉했다. 어떻게 해결할 것인가? 중국 정부는 또다시 '불황 공포증'에 빠졌다. 예상대로였다. 경기가 죽으니 정부가 나섰다. 그래서 나온 대책이 2008년 11월 단행한 4조 위안의 경기부양이었다. 국가가 재정을 풀어 경기를 살린다고 하니, 은행도 돈을 풀었다. 2009년에만 약 10조, 2010년 약 8조 위안이 시중에 풀렸다(2010년 중국 GDP가 약 40조 위안이었던 것을 감안하라). 시골 농부가 가전제품을 바꾸면 보조금을 주고, 은행은 모기지론(주택담보 대출)을 화끈하게 늘렸다. 개발회사는 돈을 빌려 건설에 나섰다.

전 세계가 위기로 꽁꽁 얼어붙어 있는데도 중국은 오히려 더 뜨거웠다. 중국 경제는 2009년 9.2%, 2010년 10.4%나 성장했다. 미국, 일본 등 서방 경제가 마이너스로 고꾸라졌는데도 말이다. 서구 언론도 '중국이 서구 경제를 구했다' '서구 경제의 백기사'라며 칭찬을 쏟아냈다. G2라는 말이 언론에 본격 등장하기 시작한 시기가 바로 이때다. 경제에 공짜는 없는 법이다. 돈이 그리 풀렸으니 물가가 들썩일 수밖에 없다. 2010년 하반기에 접어들자 인플레가 중국 경제의 발목을 잡았다. 부동산 버블은 부풀 대로 부풀어 작은 충격에도 터질 지경이었다. 금융 당국이 은행 창구를 막았지만 돈은 당국의 감독을 피해 움직였다. 그게 바로 문제가 된 그림자금융이다.

2008년의 '4조 위안 부양'이 낳은 더 큰 문제는 다른 데 있었다. 바로 '개혁 마인드의 실종'이다. 덩샤오핑이 개혁개방을 추진하면서 내걸었던 기치가 바로 '생산력 해방(生産力解放)'이다. 국가의 통제를 풀어 민간 스스로 생산력을 키우자는 것이다. 장쩌민 주석 시기에도 '국가가 빠지고 민간을 앞세운다'는 뜻의 국퇴민진(國退民進)이 대세였다. 그는 아예 '자본가도 이제는 우리 편'이라며 감쌌다. 이들 민영기업이 신발로, 장난감으로 달러를 벌어들이며 성장의 발판을 마련했다. 그들이 바로 중국 경제 성장의 으뜸 공신이었다. 그러나 세계 금융위기가 닥쳐 수출이 삐걱대자 민영기업은 뒤로 밀릴 수밖에 없었다. 그 공간을 국유기업이 '이번에는 내 차례'라며 치고 나섰다. 국진민퇴(國進民退)였다. 정부도 같은 생각이었다. 자본주의 심장부라는 미국에서 금융위기가 발생한 것은 '자유주의 시장경제'가 실패한 것을 뜻하며, 국가가 산업을 주도하는 '중국식 경제모델'이 더 효율적이라는 좌파 학자들의 주장을 받아들였다. 국가가 전면에 나서기 시작한 것이다. 보시라이가 충칭(重慶)에서 마오쩌둥 시절의 향수를 자극하는 홍색 노래(唱紅)를 부르던 시기가 바로 그때다.

국유사이드는 돈 파티를 즐겼다. 2009년에서 2010년 사이 은행에서 푼 돈 약 18조 위안 중 70%가 부동산 및 사회간접자본시설 개발에 몰렸다. 주인 없는 돈, 먹는 놈이 임자였다. 장쩌민 시절에는 그래도 '관 100개를 준비하라. 그중 하나는 내 것이다(我准备了一百口棺材 , 其中也有一口留给自己)'라며 부패를 때려잡은 주룽지 전 총리가 있었기에 관리들은 눈치를 봐가며 해먹었다. 그러나 후진타오 시기에는 개혁 의지가 흐트러지면서 부패는 일상이 됐다. 정부 관리든, 국유기업 관리자든 못 먹는 놈이 바보였다. 덩샤오핑이 다시 살아나 지금 경제를 본다면, 이게 아니라고 혀를 찼을 일이다.

덩샤오핑에서 장쩌민, 후진타오에 이르는 시기의 중국 경제는 괄목할 만한 성장세를 이뤘다. 그러나 성장 이면에는 이 같은 경제 불균형이 자리잡고 있었다. 수출과 투자에 의존하면서 내수 시장은 쪼그라들었다. 부동산 시장은 걸핏하면 투기와 버블로 홍역을 앓았고, 온갖 부패가 기생했다. 무리한 개발로 환경 파괴는 감내할 수 없는 상황으로 치달았다. 기업은 부자가 됐는데도 노동자는 낮은 임금에 시달려야 했다. 이 모든 것이 '제조의 시기' 중국 경제의 어두운 그림자다. 중국 지도자들은 '무엇을 만드는 경제'로는 지속적으로 성장할 수 없다는 것을 잘 알고 있었다. 뜻있는 지식인은 무엇인가 변화를 줘야 한다고 생각했다. 바로 그때, 2011년 11월 시진핑이 당권을 장악하고 권력 최고 정점인 당 총서기에 올랐다.

전면적이고 더 심화된 개혁

불균형을 균형 상태로 돌려놓는 게 시진핑-리커창 체제가 직면한 과제였다. 방향은 이미 잡았다. 2013년 11월 18기 3중전회에서 채택한 '전면 심화 개혁' 결정에 그 정책이 고스란히 담겼다. 핵심은 3개였다. 투자에 의존하는 성장을 소비 주도형으로 바꾸고, 국유기업의 독점을 깨 민간의 참여를 늘리고, 수출보다는 내수 중심으로 산업 체질을 바꿔야 한다고 주문했다. 이 흐름을 관통하는 키워드가 바로 '소비'다. 투자와 수출에 의존하는 기존의 성장 패턴을 소비 주도형 성장 체제로 바꾼다는 것이다. 그들은 이를 '좐벤(轉變)'이라고 했다. 제조업을 포기한다는 뜻은 아니다. 제조업의 중요성이 떨어지는 것도 아니다. 경제 산업의 큰 흐름이 '무엇을 만들어 성장하는 시대'에서 '소비에서 성장의 동력을 찾는 시대'로 바뀔 것이라는 뜻이다.

선진국은 GDP 대비 소비 비중이 70% 안팎이다. 그러나 중국은 50% 선에 불과하다. 그동안 수출에 홀려 내수를 외면한 탓이다. 소비 부문의 성장 잠재력이 크다는 뜻도 된다. 핵심은 구매력이었다. 중국 정부는 소비자의 구매력을 늘리기 위해 임금을 꾸준히 높이고, 연금시스템을 정비하는 등 정책을 추진 중이다. 그들은 그것이 중진국 함정 탈출의 돌파구라는 점을 잘 알았다. 도시화는 중국 소비시장 확산의 척도였다. 중국은 2012년 처음으로 도시화율 50%를 달성했다. 영국은 공업화 추진 후 약 200년, 미국은 약 100년 걸린 '도시화 비율 50% 고지'를 중국은 30여 년 만에 후딱 달성했다.

2007년까지만 해도 중국에서 1인당 GDP가 1만 달러를 넘는 도시는 선전과 쑤저우(蘇州)뿐이었지만 지금은 상하이, 베이징, 광저우 등 10개로 늘어났다. 미국 컨설팅업체 맥킨지는 향후 20년 동안 미국 인구에 맞먹는 약 3억 명의 소비자가 새로 도시로 편입될 것이라고 분석했다. WTO 가입 직후 서방 경제에 편입된 약 3억 명의 중국 노동자가 세계 경제를 바꿨듯, 새로 편입될 3억 명의 중산층이 또 한 번 세계 산업을 재편할 것이라는 얘기다.

소비는 시장과 불가분의 관계다. 시장시스템이 살지 않으면 지속적인 소비증가를 기대할 수 없다. '전면 심화 개혁 결정'은 시장 자율성 제고를 강조했다. 국유기업 독점 깨기가 그 맥락이다. 민간은행이 출범하고, 항공·의약·통신 등 이 분야의 진입 장벽을 낮추고 있다. '젠정팡췐(簡政放權)'이라는 이름의 행정 간소화와 규제 철폐 작업도 진행했다. 그 결과 약 600건의 행정 규제가 사라졌다. 말만 풍성한 한국보다 훨씬 더 과감하고, 빠르다.

부패와의 전쟁은 치열했다. 업무 스타일이 주룽지 전 총리를 닮았다 하여 '리틀 주룽지'라는 별명을 가진 왕치산 중앙기율검사위 서기가 진두지휘했다. 주룽지가 "관 100개를 준비하라"는 말로 반부패 투쟁에 나섰다면, 왕치산은 '파리든 호랑이든 다 때려잡겠다'는 슬로건을 만들어 내달렸다. 반부패 투쟁으로 경제는 악소리가 났다. 그래도 부패 관리는 줄줄이 묶여 철창 속으로 내던져졌다. 부패를 이대로 뒀다가는 나라가 망한다는 위기의식이 강했다. 이들은 '제조의 시기'에 드리웠던 어두운 그림자를 걷어내려고 부단히 노력하고 있다.

덩샤오핑 이후 중국은 성장 동력을 '생산력 해방'에서 찾았다. 국가의 통제를 풀어 민간에 활력을 불어넣었다. 시진핑은 잠시 주춤한 덩샤오핑 개혁을 다시 잇겠다는 뜻을 분명히 했다. 시 주석은 2012년 당 총서기에 오른 후 첫 방문지로 광둥 성 선전의 롄화산을 방문, 덩샤오핑 동상에 헌화했다. 덩의 개혁정책을 이을 것임을 분명히 한 정치 시그널이었다.

다 함께
부자되는 것,
그게 사회주의다

"중국의 정체성은 뭐지? 사회주의야 자본주의야? '사회주의 시장경제'는 또 뭐야? 대체 어쩌자는 거야?"

중국 비즈니스를 하는 사람이라면 누구나 한 번쯤 이런 궁금증을 떠올렸을 것이다.

덩샤오핑은 무슨 생각으로 개혁개방을 추진했을까? 답은 '사회주의 초급단계'다. 카를 마르크스의 '역사'는 원시 공산사회에서 시작된다. 그 후 노예제, 봉건제 등을 거쳐 근대 자본주의 시대에 이른다. 자본주의는 내부 모순 때문에 무산계급 혁명으로 타파되고, 그래서 도달한 단계가 바로 사회주의다. 중국은 1949년 중화인민공화국의 설립으로 사회주의 단계로 진입했다. 역사의 완성이었지만 덩샤오핑은 '아직 완전한 사회주의가 아니다' 하고 생각했다.

덩샤오핑과 가상 인터뷰를 했다.

- 완전하지 않다면, 무엇이 빠졌단 말인가?

자본주의 단계를 빠뜨렸다. 봉건사회에서 껑충 뛰어 사회주의로 넘어왔다. 그러니 완전한 사회주의가 아니다.

- 그럼 어떤 단계란 말인가?

우리는 지금 '사회주의 초급단계'이다. 사회주의는 사회주의지만 초급단계에 머물러 있단 얘기다.

- 사회주의 초급단계에서는 무엇을 해야 하는가?

응당 거쳐야 했지만 거치지 않은 단계, 즉 자본주의 단계를 경험해야 할 시기다. 자본주의의 가장 큰 특징은 무엇인가? 생산력 발전이다. 국가 경제력을 키워야 한다는 얘기다. 나는 장쩌민을 비롯한 후배들에게 "100년 동안 흔들리지 말라"고 했다. 앞으로 100년 동안 다른 데 신경쓰지 말고 경제 건설에 매진하라는 뜻이다.

- 좀 더 구체적으로 말해달라

혹시 아는가? 1992년 1월 내가 했던 '남순강화*'. 그 연설 중에 "생산력 발전, 국가의 종합 국력, 인민의 생활수준에 유리한 것이라면 그게 곧 좋은 것이다" 하는 말이 나온다. 사회주의냐, 자본주의냐를 판단하는 기준도 역시 그 3가지 조건에 달려 있다. 자본주의면 어떻고, 사회주의면 어떠한가. 경제 발전에 도움을 주는 것이라면 OK다. 시장 경제가 자본주의의 전유물은 아니지 않은가? 사회주의도 시장경제 할 수 있고, 자본주의도 계획경제 할 수 있다. 시장은 그냥 경제 운용의 수단일 뿐이기 때문이다. 고양이가 쥐만 잘 잡으면 되지 검든 희든 상관할 바가 아니다.

– 그럼 당신이 말하는 사회주의는 무엇인가?

다 함께 부자가 되는 것(共同富裕), 그게 사회주의의 목표다.

이것이 바로 덩샤오핑이 제시한 '중국의 길'이다. 중국인은 대부분 그 길에 동의한다. '오늘 중국은 사회주의 초급단계에 있다'고 생각한다. 그러기에 사회주의의 나라라는 중국이 시장경제를 채택하고, 사유재산을 인정해도 이상할 게 없는 것이다. 덩샤오핑이 구축한 철학적 배경이 있으니 말이다. 우리는 사회주의와 자본주의를 갈라놓고, 중국을 그중 한 곳에 끼워 넣으려고 한다. 그러니 헷갈리는 것이다. 중국인은 사회주의, 자본주의, 계획경제, 시장경제를 자유롭게 넘나들며 실용의 길을 걷는데도 말이다.

사상해방(思想解放), 덩샤오핑이 남긴 최고의 업적이다.

남순강화　남순강화(南巡講話)는 덩샤오핑이 1992년 1월부터 2월까지 우한, 선전, 주하이(珠海), 상하이 등을 시찰하며 발표한 담화다. 덩샤오핑은 연설을 통해 1989년 톈안먼 사태 이후 득세한 보수세력을 견제하고 반대세력 때문에 멈췄던 경제 활성화를 다시 추진하고자 개혁과 개방을 촉구했다.

3장

중국 보너스
상실의 시대

경제학 용어 중에 '인구 보너스(Demographic Bonus)'라는 말이 있다. '인구에 힘입은 성장'이라는 뜻이다. '중국 보너스'는 이 용어를 응용해 만든 신문 용어로 '중국에 힘입은 성장'이라는 의미다. 중국은 그동안 한국 경제에 '축복' 같은 존재였다. 1992년 수교 후 한국 기업은 부가가치가 낮은 임가공 공장을 중국으로 옮겼고, 국내에서는 고부가 중간재를 만들어 중국에 수출했다. 지금도 한국 수출의 약 25%가 중국으로 간다. 1997년 아시아 외환위기, 2008년 세계 금융위기 극복의 힘을 중국에서 찾았다. '중국 보너스'를 챙긴 셈이다. 문제는 그 보너스가 점점 사라지고 있다는 사실이다. 오히려 중국은 한국 경제에 부담을 주는 존재로 다가오기도 한다. 기술과 시장이 결합하면서 한국 기업을 밀어내고 있기 때문이다. 중국 보너스 상실의 시대, 한국과 중국은 과연 공생할 수 있을까?

안개처럼 사라지는 중국 보너스

2008년 세계 금융위기가 터졌다. 불황의 그늘은 깊었다. 악화된 세계 경제 환경 속에서도 한국 경제를 이나마 버티게 해준 상징적인 브랜드가 3개 있다.

첫 번째 브랜드가 삼성 '갤럭시'다. "스마트폰을 개발한 것은 애플이지만, 돈을 가장 많이 번 회사는 한국 기업"이라는 말이 나올 정도다. 두 번째 브랜드는 'HYUNDAI'다. 현대·기아자동차는 위기에 굴하지 않고 과감하게 투자하여 세계 시장 점유율을 끌어올렸다. 온기는 관련 부품업체로 퍼졌다. 세 번째 브랜드는 '유커(遊客)'다. 2008년부터 몰려들기 시작한 중국 관광객은 서비스업을 지탱해준 힘이었다. 명동에 나가보면 유커의 힘을 금방 알 수 있다.

이들 3개 브랜드의 공통점은 중국이다. 지금은 고전하고 있지만,

삼성은 한때 20%를 넘나드는 시장점유율로 세계 최대 규모의 중국 스마트폰 시장을 주도했다. 세계 시장 재패의 힘이 중국에서 나왔다. 현대자동차는 글로벌 판매의 20% 정도를 중국에 팔았다. 유커 600만 명 시대다. 이들의 일자리 창출 효과도 34만 명에 달했다. 그동안 중국에서 '먹거리'를 찾았다는 얘기다.

그래서 나온 말이 바로 '중국 보너스'다. 그런데 그 먹거리가 시원치 않다. 스마트폰은 이미 중국 현지업체에 추월당했고, 자동차도 위험하다. 유커도 숫자만 많을 뿐 속으로 들어가보면 덤핑 관광으로 심하게 왜곡되어 있다.

산업 부문에서는 이미 오래전부터 위기가 표면화됐다. 자국 기술 수준이 높아지자 중국 기업은 이제 어지간한 중간재는 자국에서 조달한다. '중국의 수출 증가 → 한국의 대(對)중국 수출 증가'라는 고리는 점점 약해지고 있다. 중국은 오히려 한국의 경쟁력 있는 기업을 빨아들이는 블랙홀과 같은 존재로 다가오고 있다. 가전은 이미 오래전에 중국에 넘어갔고 철강과 조선, 이제는 석유화학도 위험하다.

취재 현장에 가면 현실을 금방 알 수 있다. 광저우에서 섬유 관련 사업을 크게 하고 있는 최보영 명보산업 사장은 지난 10년간 전국 각지를 돌아다니며 판매 유통망을 짰다. 이제 그 유통망에 제품만 실으면 돈이 들어오는 단계까지 왔다. 그런 그도 요즘 매장만 나오면 한숨을 내쉰다.

"한국에서 더 이상 가져올 게 없습니다. 한국 원단 기술이 중국보다 더 좋다고 말할 수도 없는 데다 품목도 줄어들고 있습니다. 원단 산업을 사양산업으로 인식하면서 종사자들이 모두 일을 포기한 거죠. 산업 단절입니다. 돈 번 사람은 부동산을 사 굴리면서 뒷전으로 물러나 있고, 지금 앞에서 뛰는 사람은 투자할 여력이 많지 않은 신참뿐입니다."

최 사장의 한숨이 깊다.

"중국의 원단 상인은 더 이상 한국을 찾지 않습니다, 이탈리아로 달려가지요. 그곳에는 아직 원단이 훌륭하게 나오고 있거든요. 섬유가 어떻게 사양산업일 수 있지요? 우리가 입고 있는 옷이 말입니다."

광저우에 가면 청팡청(輕紡城)이라는 섬유시장이 있다. 면적이 약 30만m²(약 9만700평), 입주 상점만 약 4000개에 달한다. 세계 각지의 옷 관련 기업이 다 모이는 세계 최대 규모 섬유시장이다. 그곳에 두 개의 매장을 갖고 있는 최 사장은 한국의 섬유를 알리기 위해 매년 한류 패션쇼를 연다. 2억~3억 원의 돈을 써가며 말이다.

그는 중국 원단은 취급하지 않는다. 고집스럽게도 한국 제품을 들여와 판다. '메이드 인 코리아'가 차별화 무기다. 그러나 '한류'만으로 중국인을 끌어내기가 점점 힘들다고 말한다. 한국 기술이 받쳐주지 않기 때문이다.

'카프로락탐 위기'

상하이에서 중견 무역업체를 경영하는 전병우 사장은 종합상사 대우 출신이다. 김우중 회장의 '중국 경영'을 현장에서 추진한 주인 공이다. 그와 오랜만에 통화를 했다. 인천공항 게이트 앞에서 비행 기를 기다리다 전화를 받는다고 했다. 전 사장은 안부를 묻고 나서 갑자기 목소리를 높였다.

"이제 한국에서 제조업은 끝났다. 내다 팔 물건이 없어. 어지간한 건 이제 중국이 더 싸게, 더 잘 만든다. 이제까지 중국 땜에 먹고 살 았던 제조업인데, 그게 허물어졌다. 사정이 그런데도 한국 사회는 무감각하다. 3~4년 후 중국발 경제 위기가 닥친다고 해도 놀라지 않을 일이야."

베테랑 중국 비즈니스맨은 제조업 위기를 말하고 있었다. 목소리에 절박함이 묻어난다.

전 사장의 말을 빌리지 않더라도 국내 제조업 상황은 위기다. 가전, 철강, 조선, IT, 그리고 석유화학에 이르기까지 그 범위는 점점 넓어지고 있다. 한국이 강하다고 했던 바로 그 분야가 중국 공세에 속속 무너지고 있다. 한국 제조업에 성장의 터전을 만들어준 중국이 이제 거꾸로 위협적인 존재로 우리 앞에 다가왔다.

2014년 8월 《중앙일보》가 1면 톱으로 보도한 카프로의 사례는 그 단면이다. 이 회사 주가는 3년 전만 하더라도 3만5000원에 거래됐다. 그러나 2016년 2월 말 현재 2800원 수준으로 폭락했다. 반 토막도 아닌 10분의1 토막이 났다. 투자자라면 땅을 치고 가슴을 때릴 일이다.

울산의 카프로는 석유화학 제품인 카프로락탐(나일론의 원료)을 생산하는 업체다. 1969년 박정희 전 대통령이 아시아개발은행(ADB)에서 빌려온 돈으로 세웠다. 가히 한국 석유화학의 산증인이라 할 만하다. 그런 회사에 도대체 무슨 일이 있었던 걸까? 답은 역시 중국에서 찾아야 했다.

위기가 찾아온 건 2012년 하반기부터다. 중국에서 수출 주문이 줄어들기 시작하더니 2013년부터 수출 파트는 거의 개점휴업 상태였다. 보도에 따르면 2014년 수출 실적은 거의 제로(0)였다. 생산품의 80%를 대부분 중국에 수출하는 카프로 주가가 빠진 것은 너무도 당연했다. 그렇다면 중국에서는 무슨 일이 벌어진 것일까?

취재차 방문한 푸젠(福建) 성의 석유화학업체 바링(巴陵)의 창고에는 '셴안(酰胺)'이라는 글자가 선명하게 씌어 있는 포대가 수북이 쌓여 있다. 이게 바로 카프로락탐을 뜻하는 중국어다. 바링이 카프로락탐을 생산하기 시작한 것은 2011년부터다. 연산 30만t, 울산의 카프로보다 더 많은 양이다. 중국의 수많은 '바링'이 훨씬 낮은 가격에 카프로락탐을 쏟아내며 한국의 카프로는 중국에서 설 땅을 잃었다.

이뿐 아니다. 같은 푸젠 성의 푸저우(福州)에는 선위안(申遠)신재료라는 회사가 연산 100만t 규모의 카프로락탐 공장을 짓고 있다. 세계 최대 규모란다. 후난(湖南) 성에도, 윈난(雲南) 성에도 같은 설비를 갖춘 공장이 들어섰다. 중국 전체 카프로락탐 수요량은 연간 약 300만t이다. 이 중 약 70%를 국내에서 자급하고, 나머지 30%는 아직 해외에서 들여온다. 그러나 건설 중인 선위안신재료 회사만 완공돼도 자급률은 100%를 뚫고 올라간다. 그때쯤 중국산 저가 카프로락탐이 한국 시장을 위협할 수도 있다.

석유화학업계 전체에서 벌어지는 일이다. PTA(고순도 테레프탈산)라는 물질은 화학섬유인 폴리에스터, 우리가 흔히 보는 페트병 등을 만드는 원료다. 지난 10여 년 동안 한국 석유화학업체가 중국 덕에 톡톡히 재미를 본 분야이기도 하다. 그러나 옛말이다. 지금은 수출 길이 거의 막혔다. 이 제품을 만드는 삼성석유화학, SK유화 등의 설비는 멈췄다. 2013년 중국 자급률이 93%에 달했기 때문이다.

중국이 PTA 설비 증설에 나선 때가 2000년대 말이었다. 엄청나게 지었다. 2013년 685만t에 이어 2014년 194만t, 2015년 340만t 등 모두 1219만t 규모의 PTA 공장이 속속 문을 열었다. 당초 부족분이던 500만 규모를 두 배 이상 웃도는 수준이다. 한국 기업이 설 땅은 그만큼 좁아졌다. 그럼에도 국내 업체는 같은 기간 증설 경쟁을 멈추지 않았다. 그 결과가 지금의 석유화학업계에 닥친 위기다. 일부 기업이 PTA의 한 단계 위 상품인 PE(폴리에틸렌, PTA의 원료)에 특화하고 나선 게 그마나 다행이다. 언제까지 생명을 연장할지는 모르지만 말이다.

석유화학은 국내 산업의 보루였다. 철강이 망가지고, 조선이 추월당하고, IT회사가 제 살길 찾겠다고 중국으로 넘어갈 때에도 석유화학업체는 국내에 남아 묵묵히 달러를 벌어들였다. 지금도 중국 수출의 10% 이상을 책임진다. 저유가 때문에 수출액이 줄었다는 걸 지적하는 게 아니다. 중국의 기술추격, 자급률 확대 등으로 일어난 구조적인 문제를 말하는 것이다. 카프로 사례는 그동안 중국 덕에 잘 나가던 석유화학업계마저 지금 밥그릇에 구멍이 나고 있음을 보여준다.

중국의 산업이 어떻게 흘러가는지를 봤어야 했다. 그들이 어느 품목에 얼마만큼 증설을 하는지, 어떤 품목에 부족이 발생하는지 등을 미리 알고 대처해야 했다. 중국이 증산 경쟁을 벌이고 있는 바로 그 시간에 국내에서도 경쟁을 벌인다면 그건 재앙이다. 규모로는 절대 중국을 이길 수 없기 때문이다.

허물어진 남해안 조선 벨트의 꿈

한국 최고의 달러박스였던 조선산업은 지금 수조 원대의 적자로 신음하며 위기에 처했다. 도대체 무엇이 문제인가.

고통의 태동은 2001년 말 중국이 세계무역기구(WTO)에 가입하면서 시작됐다. 시장개방 효과로 중국의 무역량이 매년 20~40%씩 늘었다. 교역 상품도 날라야 하고, 철광석 등 자원도 들여와야 했다. 배가 필요했다. 해운업계는 선박이 없어 아우성이었다. 세상에서 배를 가장 빠르고 튼튼하게, 그리고 가볍게 만드는 나라가 바로 한국이다. 배 주문이 쏟아지자 국내 조선업계는 즐거운 비명을 질렀다. 2000년대 중반 투자 붐이 일었다. 부품 기자재 업체들도 완성 배를 만들겠다며 독(dock) 건설에 나섰다. 업계는 남해안에 '조선 벨트'가 형성됐다고 흥분했다.

그때 우리가 놓친 게 하나 있었다. 바로 이웃 중국의 동향이다. 중국에는 '국수국조(國輸國造)'라는 정책이 있다. 자국 물동량은 자국 배가 처리한다는 뜻으로 '선박 국산화'인 셈이다. 중국은 대규모 조선산업 육성 방안을 발표했다. 중국 동부 연안 도시에 비 온 뒤 죽순 돋아나듯 조선업체가 생겼다. 드디어 서해를 가운데 마주보고 있는 두 나라가 '배 만들기 경쟁'을 벌였다.

하지만 호황이 있으면 불황이 있는 법이다. 2008년 세계 금융위기가 터지자 시장은 싸늘하게 식었다. 밀려들던 주문은 사라지고, 새로 만든 독은 애물단지로 변했다. 피해는 한국 몫이었다. 중국 기업은 국가(국유은행)의 자금 지원을 등에 업고 저가에 발주되는 물량을 쓸어갔다. 반면 한국 업계는 C&중공업 등 수십 개의 중형 선박회사가 쓰러지는 등 가혹한 구조조정에 시달려야 했다. 기자재업계의 줄도산이 이어졌다.

중국을 봐야 했다. 투자에 매달리기보다는 완성 배 업체와 기자재 회사 간 공급 사슬을 정비하고, 그 돈으로 부품 기술개발에 매진해야 했다. 정부는 중국 시장 상황을 충분히 반영해 정책을 수립하고, 정보를 제공해야 했다. 2010년 중국은 한국을 제치고 세계 최대 선박 건조국 자리에 올랐다. 조선업계에는 일본에서 빼앗아온 선박 강국의 영광을 이제 중국에 넘겨줄 때가 온 게 아니냐며 위기감이 팽배하다.

한국 정부는 위기가 터졌다 싶으면 대책회의라는 걸 한다. 그러고는 어느 분야를 육성할지를 고르고, 돈을 푼다. 그러나 그건 산업을 살리는 게 아니라 죽이는 것이다. 기업은 기술을 개발하거나 서비스를 개선해 문제를 해결하기보다는 정부 돈 따먹는 재미로 일을 벌이기 때문이다. 오히려 자유로운 경쟁을 방해할 뿐이다.

정부는 기업이 경쟁하고, 그 과정에서 경쟁력을 키울 수 있도록 생태계를 조성해야 한다. 한편으로는 중국 산업이 어디로 가는지 연구해서, 기업에 길을 제시해야 한다. 베이징 주중대사관의 경제공사, 산업통상자원부 파견 영사는 폼 잡으라고 있는 자리가 아니다. KOTRA는 높은 사람 뫼시라고 있는 기관이 아니다. 그들에게 시장을 연구할 시간을 줘야 한다.

협회도 마찬가지다. 회원사가 어디로 가야 할지를 제시하고, 그런 자료를 얻기 위해 연구를 해야 한다. 그런데 한국 협회는 이미 이익 단체로 전락한 지 오래다. 이러니 각 기업은 어디로 가는지도 모르고 저돌적으로 달려들기만 한다. 길길이 날뛰다 지쳐 주저앉고 마는 멧돼지처럼 말이다.

블랙홀, 홍색 공급망

자체 기술이 약하던 시절, 중국은 부품(반제품)을 해외에 의존했다. 부품을 들여와 중국에서 조립해 다른 나라에 수출하는 식이다. 주로 일본이나 한국, 대만 등이 그 부품을 공급했다. 같은 제품이라도 여러 나라로 제조 공정이 나뉘어 부품은 한국에서, 조립은 중국이 맡는 식이다. 한국의 중국 수출이 중간재 위주로 발전한 까닭도 이 때문이다. 생산 공정별로 동아시아 여러 나라가 참여하는 '생산 공유(Production Sharing)'다.

장쑤(江蘇) 성 우시(無錫)에 있는 소니 TV 공장을 보자. 이 공장의 LCD TV는 미국으로 수출할 때 'Made in China'라는 라벨이 붙는다. 그러나 뜯어보면 중국산이라고 말할 수 없다. LCD 모니터는 한국 파주 LG필립스에서, 광학필름과 컬러필터 등은 일본 소니 본사에서,

외장 박스는 태국에서 만든 것이다. 우시 공장은 이를 수입해 싼 노동력을 활용해 조립만 한 것이다. 우시 공장 TV에는 'Made in Asia' 라벨이 붙어야 옳다.

옛날 얘기다. 우시 소니는 더 이상 파주에서 LCD 패널을 가져다 쓰지 않는다. 중국에도 얼마든지 있기 때문이다. 꼭 LG 제품이 필요하다면 광저우에 있는 공장에서 가져오면 된다. 하이얼, 창홍 등 중국 TV제작업체야 더 말할 필요도 없다. 어지간한 부품은 모두 중국에서 조달한다. 2011년까지만 해도 중국의 TV용 LCD 패널 자급률은 2%에 불과했다. 그러던 것이 2014년에는 무려 35.7%로 높아졌다 (KOTRA 통계). 코트라(KOTRA)는 2016년에 80%에 달할 것이라고 분석했다.

주변국으로 찢어진 생산 공정은 이제 중국으로 통합되고 있다. 그동안 기술이 없어 중간재를 한국이나 대만 등에 의존했지만 이제는 어지간한 부품은 중국에서 다 만든다. 그게 바로 '생산의 국내 통합'이다. 주변국에 퍼져 있던 생산 공정을 모두 중국으로 끌어들이고 있다. 대만에서는 이를 '홍색 공급망(Red Supply Chain)'이라고 부른다.

홍색 공급망의 핵심은 '중국이 혼자 다 한다'는 것이다. 수출의 약 40%가 중국으로 가고, 그중 부품이 80%에 달하는 대만 경제가 직격탄을 맞았다. 게다가 기계, 석유화학 등 경쟁 분야 중소기업은 대부분 홍색 공급망에 휩쓸려 중국으로 갔다. 그마나 남아 있는 분야가 정보기술(IT) 산업, 그중에서도 반도체다. 그러나 중국 '반도체 공정'의 주력인 칭화유니그룹이 최근 대만 반도체업체인 파워텍 인수를 선언하면서 위기감은 고조되고 있다. 대만은 '반도체산업마저 붉은색으로 물들 것'이라고 우려하고 있다.

대만 업계는 '그래도 중국으로 가야 한다'는 입장이다. 대만의 대표적인 반도체 메이커인 TSMC도 난징(南京)에 첨단 반도체 조립 공장을 설립할 계획이다. 그러나 대만 유권자들은 "그래서 우리에게 돌아오는 것은 뭐냐"고 묻는다. 공장이 가면 수출이 줄어 성장이 둔화되고 일자리가 줄어든다. 2015년 대만의 국내총생산(GDP) 성장률은 1%에도 미치지 못했다. '차이완 딜레마'다.

남의 일이 아니다. 중국의 홍색 공급망은 정도의 차이일 뿐 같은 메커니즘으로 한국을 위협하고 있다. 한국 역시 '혼자 다 한다'는 식의 중국의 공업 구조에 막혀 팔아먹을 게 점점 줄어들고 있다. 2015년 한국의 대중국 수출은 전년보다 5.6% 감소했다. 가전에 이어 철강, 조선이 중국에 잡혔고, 이제는 IT와 석유화학이 공세에 직면했다. 산업공동화에 직면한 대만과 다르지 않다. 다만 중소기업 위주의 산업구조를 갖고 있는 대만이 더 먼저, 더 심각하게 홍색 공급망에 휩쓸리고 있을 뿐이다.

액정표시장치(LCD)는 한국의 대표적인 중국 수출품이다. 전체 중국 수출의 약 12%를 차지한다. 그런 LCD 수출이 2014년 전년 대비 약 8%나 줄었다. 역시 홍색 공급망의 영향이다.

2014년 말 취재차 방문한 광저우 기술개발구의 LG디스플레이 공장은 꽤 넓었다. 중국의 다른 기업과 달리 잘 정돈되어 있어서 최첨단 공장임을 금방 알 수 있었다. LG는 2014년 9월부터 이곳에서 최신 모델 8.5세대 LCD 패널을 양산했다. 55인치, 49인치, 42인치 등 초고화질(UHD)과 풀HD TV용 LCD 패널을 생산했다. 월 생산량은 6만 장으로 2016년 말까지 최대 12만 장으로 두 배 늘릴 계획이다. 공장 증설 작업은 차분히 진행 중이다.

회사 관계자는 "공급처 가까이 오면서 생산과 유통의 변화에 신속하게 대처할 수 있게 됐다"고 말했다. 당연히 현지 생산 효과로 물류비용도 크게 줄었다. 중국 물량은 거의 중국에서 조달한다는 게 그의 설명이다. 대부분 인근에 있는 중국 가전업체인 스카이웍스(Skyworks) 공장에서 공급받는다.

그의 말이 맞다. 경쟁력 있는 기업은 지금 중국으로 가야 한다. 중국에서 형성되고 있는 '풀 세트 공업구조'에서 소외되지 말아야 하기 때문이다. 중국은 기술 수준이 높아지면서 어지간한 부품은 이제 자국에서 다 조달한다. 세계 LCD와 반도체 수요에서 중국이 차지하는 비율은 절대적이다. TV나 핸드폰이 어디서 생산되고, 어디서 소비(수출)되는지를 보면 금방 답이 나온다. LG와 삼성이 LCD 공장을 한국이 아닌 중국에 지었다는 것은 결국 그 서플라이 체인에 올라타겠다는 뜻이다. 그나마 경쟁력이 있으니 가능한 얘기다.

그러나 국가적으로 보면 얘기는 달라진다. LG디스플레이가 현지 생산 공급체제를 구축하면, 당연히 한국에서 생산하는 비중은 줄어든다. 수출이 감소하고 고용도 위축된다. 그냥 저급 노동자가 아닌, 전문대 이상의 고급 인재다. 부품 회사를 포함하면 더 많은 고용이 중국에서 일어난다. 청년실업 문제가 심각해지는 이유 중의 하나다.

삼성도 갔다. 또 다른 LCD업체인 삼성디스플레이 역시 쑤저우(蘇州)에 현지 공장을 지었다. 역시 최신 모델을 생산한다. LCD를 생산하는 두 회사가 중국 생산을 늘리지만 수출은 줄어들 수밖에 없다. 반도체도 간다. 반도체는 LCD와 함께 한국의 IT 분야 중국 수출의 주력 상품이다. 하이닉스는 우시(無錫)로 간 지 오래고, 삼성도 결국 시안(西安)에 대규모 공장을 지어 가동하고 있다. 전체 중국 수출에서 반도체가 차지하는 비중은 약 10%다. 중국 현지 생산체제가 늘어나면서 그 역시 줄어들 수밖에 없다. 중국 보너스는 그렇게 사라지고 있다.

4장

한·중 FTA

한·중 수교 이후, 한국은 두 차례의 '중국 붐(boom)'을 경험했다. 제1차 붐은 수교 원년인 1992년부터 1997년까지 6년여 동안 진행됐다. 당시 양국 교역은 막힌 봇물이 터지듯 크게 늘면서 연평균 약 32%의 신장률을 기록했다. 2차 붐은 2001년 말 이뤄진 중국의 세계무역기구(WTO) 가입을 계기로 비롯됐다. 중국 수출이 급증하면서 중간재를 위주로 한 수출도 덩달아 늘었다. 2001~2005년 양국 교역은 연평균 33.7% 늘었다. 그러나 그게 끝이었다. 2007년 이후 하강세에 접어들었다. 한국 경제 성장의 한 동력이던 차이나 팩터(China Factor)가 힘을 잃어갔다. 어떻게 극복할 것인가. 우리의 선택은 자유무역협정(FTA)이다. 그러나 FTA가 모든 걸 해결해주지는 않는다. 우리 하기에 따라 그 선택은 독이 될 수도 있다. 오히려 내가 갖고 있던 시장마저도 중국 기업에 내줘야 하는 처지에 몰릴 수도 있다. 한·중 FTA는 과연 우리에게 무엇인가?

중국 비즈니스의 뉴 패러다임

과연 제3차 중국 붐은 올 것인가? 오게 해야 한다. 그게 FTA를 체결한 목적이다.

FTA가 양국의 경협 패러다임을 바꾸어 또다시 경제 교류가 폭발적으로 늘어날 수 있도록 해야 한다. 그러나 붐의 형태는 이전과 확연하게 달라야 할 것이다. 수교 이후 양국의 경제협력 고리는 제조업이었다. 한국에서 부품을 만들어 중국으로 수출하면, 중국에 진출한 투자업체가 이를 조립해 제3국으로 다시 수출했다. 1990년대 중국 경제가 급부상하면서 동아시아에 형성된 분업 구조에 능동적으로 대응한 덕분이다.

Made only for China

'제조'의 시기를 지나 앞으로 다가올 제3차 붐 시기의 키워드는 '소비'다. 이제 한국 기업이 맞이하는 중국의 성격은 '제품을 생산하는 곳이 아닌 제품을 판매하는 시장'으로 바뀔 것이다. 중국의 경제 여건 변화가 낳은 현상이다.

제 1, 2차 붐 시기에 한국 기업이 중국으로 간 이유는 저임 노동력을 활용하기 위해서였다. 그러나 중국 임금은 2010년대 들어 매년 20% 안팎으로 급등했고, 노동자를 구하기도 어려운 실정이 됐다. 임금 급등은 중국의 정책적 선택이다. 지금 중국 경제의 최대 현안은 '전환(轉變)'이다. 경제 성장 패턴을 기존의 투자 · 수출 중심에서 소비로 바꾸겠다는 뜻이다. 소비를 키우려면 주민의 가처분소득을 늘려야 하고, 내수시장을 키워야 한다. 이래저래 중국에서의 제조업 여건은 악화될 수밖에 없다.

한국 기업은 그동안 중국 기계와 '대화'를 했다. 중국인은 한국 제품을 싸게 만들어주는 노동 단위에 불과했다. 그러나 앞으로 그들은 한국 제품을 소비해줄 고객이다. 중국 경기가 위축됐다고는 하지만, 아직도 소비시장은 매년 10% 이상 성장하고 있다. FTA는 그 시장으로 가는 고속도로다. 중국 소비자와의 소통을 늘려야 한다. 한국에서 성공한 제품을 중국 시장으로 확대하는 것이 아닌, 기획 단계부터 그들만을 위한 제품을 만들어야 한다. '메이드 온리 포 차이나

(Made only for China·중국 소비자만을 겨냥한 제조)' 전략이다.

한·중 FTA는 분명 기회다. 한국 중소기업이 대기업으로 크는 방법은 뻔하다. 기존 대기업에 빌붙어 사는 것이다. 중소기업 사장은 하청업체로 근근이 살면서 대기업이 나눠주는 떡고물에 허리를 숙여야 한다. 그러나 중국 소비자에게 어필하는 상품만으로도 재벌이 될 수 있는 시대가 곧 온다. 아모레퍼시픽의 시가총액이 현대자동차를 능가할 줄 누가 알았겠는가? 쿠쿠전자, 락앤락, 휴롬 등은 이 같은 흐름을 탈 수 있는 회사다. 좁아터진 한국에서 아웅다웅 싸울 게 아니라 옆에 있는 거대 시장에서 승부를 걸겠다는 옹골진 생각을 할 필요가 있다. 그게 FTA 체결의 의미다.

영상, 음악, 공연 등 엔터테인먼트(연예)산업은 제3차 붐에 어울리는 분야다. 창의력이 농축된 '문화상품'에 기회가 있다. 2013년 개봉한 한·중 합작영화 '이별계약(分手合約)'은 수주 동안 박스오피스 1위를 기록하며 흥행에 성공했다. 무언극인 '난타', 비보이(B-Boy)공연, 게임캐릭터, K-뷰티, K-패션 등도 어엿한 중국 비즈니스 상품이 될 수 있다. 농업은 FTA 협상 과정에서 개방하지 않고 지켜야 할 분야였다. 그러나 거꾸로 보면 중국 농업, 식음료 시장은 기회의 땅이 될 수 있다. 한국 농산물에 신뢰를 섞어 버무린다면 중국 프리미엄 시장에서 통할 것이다. 한국 우유가 먹혀들어가는 것을 보면 알 수 있다. 신선도를 유지할 수 있는 유통 채널을 구축한다면 김치는 대히트 상품이 될 것이다.

'쓰리고 상품'에 기회 있다

자동차, 철강이 이제까지의 대 중국 전략상품이었다면 앞으로는 먹고(식음료, 농산품), 놀고(엔터테인먼트, 게임), 꾸미는(뷰티, 패션) 소위 '쓰리고 상품'으로 승부를 걸어야 한다.

문화상품, 즉 한류상품을 보자. 드라마와 영화 등에서 시작한 한류는 지금 예능으로 진화하고 있다. 2015년 3월 현재 중국의 주요 지방 위성 TV에서 방송 중인 한국 예능프로그램의 중국 버전은 모두 22개. 한류 드라마가 피로현상을 보이면서 최근 2~3년 전부터 예능으로 옮겨갔다. 이는 한국에서 인기를 끈 예능프로그램의 72%에 달한다.

이 중 JTBC의 '냉장고를 부탁해', '비정상회담', '히든싱어', '학교 다녀오겠습니다' 등 4개 프로그램이 이름 그대로 방송 중이다. 또 MBC의 '나는 가수다', '아빠 어디가' 등 6개, KBS의 '불후의 명곡', '1박2일' 등 4개, SBS의 '런닝맨', '정글의 법칙' 등 3개 프로그램이 각각 중국 시청자들의 인기를 끌고 있다. 한국산 프로그램의 중국 TV 예능 점유율은 42%다. 이들 프로그램 방송은 갈수록 상업화하는 지방 위성TV가 주도한다. 상하이의 둥팡(東方)위성TV는 JTBC의 '학교 다녀오겠습니다'와 tvN의 '꽃보다 할배' 등 5개 프로그램을, 장쑤(江蘇)위성TV는 SBS의 '런닝맨' 등 4개 프로그램을 각각 방송 중이다.

모든 프로그램이 당의 선전에 집중돼 있는 중국관영CCTV(중국중앙방송)도 예외가 아니다. CCTV는 2015년부터 MBC의 '무한도전'을 리메이크해 일요일 밤 8시 황금시간대에 내보내고 있다. CCTV가 외국의 리얼리티 프로그램을 도입한 것은 이번이 처음인데 밤 7시 메인뉴스 시간에도 이 프로그램 방송을 예보할 정도다. 출연진도 메가톤급이다. CCTV 유명 사회자인 사베이닝(撒貝寧), 만담가인 웨윈펑(岳雲鵬), 유명배우 샤이(沙溢), 롼징톈(阮經天), 명사회자인 화샤오(華少), 심리분석가 러자(樂嘉) 등이 고정출연한다. 모두 중국 방송계에서는 각 분야 스타 대우를 받는 이들이다. 이 프로그램 시청률은 1.7%로 대박이다. 중국에선 시청률이 1%를 넘으면 대박으로 인정한다.

한국 예능프로그램의 팬클럽도 생겨나고 있다. 중국의 바링허우 (八零後 · 1980년대 출생자)와 주링허우(九零後 · 1990년대 출생자) 젊은이들의 사교사이트인 Acfun과 Bilibili에는 이미 '무한도전' 팬클럽이 생겨 CCTV가 매주 방송할 때마다 관련 동영상을 퍼나르고 있다. 1, 2회 방송분이 200만 뷰를 기록할 정도다.

한국 예능이 인기를 끌면서 판권 가격도 원가의 8~10배로 치솟았다. 저장(浙江)위성TV가 2015년 3분기에 SBS와 공동제작한 '런닝맨' 중국판이 폭발적인 인기를 끌면서 SBS는 300억 원을 벌어들였다. 이 밖에도 JTBC와 KBS 등 한국 주요 방송사의 인기 예능프로그램은 중국 방송사들이 판권을 입도선매하고 있다. 또 일부 중국 방송사는 아예 한국의 예능제작팀을 수십 억에서 수백 억원에 스카우트하는 상황이다.

그렇다면 중국은 왜 한국의 예능에 열광하는 걸까. 전문가들은 시청자와 함께하는 프로그램 내용에서 답을 찾는다.

중국 예능은 대부분 스타들이 무대에서 연기하고 시청자는 그저 바라보는 식의 스타와 시청자가 분리된 구조다. 그러나 한국의 예능은 시청자가 직접 참여해 스타들과 함께 부대끼며 프로그램을 진행하는 일체구조가 많다. 심지어는 스타들을 괴롭히기도 한다. 예컨대 '나는 가수다'에서는 관객이 직접 가수를 평가해 탈락을 결정하는 등 프로그램의 주체로 참여한다.

즉 중국 예능이 공급자 중심이라면 한국 예능은 수요자 중심이다. 한류 전문가인 퍄오춘란(朴春蘭)은 "시청자는 더 이상 신비스럽고 고압적인 스타 대신 자신들과 어울리고 교류하는 스타를 원하는데 한국 예능프로그램은 이를 간파하고 있다"고 분석했다.

가족과 종족, 단체를 중시하는 한국의 유교적 가치관도 중국인이 이질감을 느끼지 않는 이유다. 중국 언론은 대박 프로그램인 '아빠 어디가'를 가족의 평화와 화합의 메시지를 담은 것으로 평가한다.

한국 예능은 중국 창조산업 혁신을 위한 동력 역할도 하고 있다. 한중 합작으로 중국 문화산업 수준이 높아지고 있어서다. 중국 영화 제작사인 주나 인터내셔널(Juna International)이 초록뱀 미디어를 인수하고 저장화처(浙江華策) 미디어는 2014년 11월 한국 4대 영화제작사 중 하나인 NEW에 3억2300만 위안(약 594억 원)을 투자해 2대 주주가 됐다. 또 NEW와 화처허신(華策合新)이라는 합작사를 만들었다.

인터넷 포털 서우후(搜狐)는 김수현 소속사인 키이스트(Keyeast)에 1500만 달러 투자를 추진 중이다. 특히 2014년 7월 문화체육관광부와 중국 국가신문출판 광전총국이 '한중 영화공동제작협의'에 서명한 이후 양국 영화산업 협력이 탄력을 받고 있다. 이 협의는 중국이 한중 양국 합작 영화에 대해서는 중국산 영화처럼 대우를 해주겠다는 내용이 골자다. 현재 중국은 한국산 영화에 대해 매년 3~4편 정도만 수입을 허용하고 있다.

왕춘(王叢) 화처미디어 사장은 "한국은 좋은 기획과 프로그램이 있고 중국은 시장과 자본이 있다. 한국 문화산업도 중국 시장을 바탕으로 더 발전하는 윈윈(win-win) 구조다. 우리는 지금까지 한국과의 합작과 협력을 통해 많은 경험을 쌓았고 연예계의 글로벌 인재를 많이 양성했다. 이는 중국 문화산업이 발전할 수 있는 큰 기회이며 향후 중국이 문화 강국이 될 수 있는 자산"이라고 말했다.

FTA 허브, 생존을 위한 업그레이드

붐이 온다고 아무나 그 혜택을 받는 건 아니다. 제품에 경쟁력을 갖추지 못하면 오히려 재앙일 수 있다. 1990년대 중반 이후 10여 년 동안 중국에서 돌풍을 일으켰던 LG에어컨은 현지 기업에 밀려 철수한 지 오래다. 이마트, 롯데백화점 등 중국 유통시장에 진출한 업체도 고배를 마셨거나 힘든 싸움을 하고 있다. 중국 저가 시장은 이미

로컬 기업이 잡고 있고, 고가 시장은 선진 다국적기업이 소비시장을 선점했다. 어정쩡한 제품으로 중국 시장을 뚫을 수 있다고 생각하면 큰 코 다치기 십상이다. FTA는 경쟁력 없는 상품에는 오히려 독이 될 것이다. 전체 산업을 업그레이드한다는 차원에서 FTA를 바라봐야 한다. 중국과 체결한 FTA는 관세율 몇 퍼센트를 내리는 것 이상의 의미가 있다. 더 중요한 것은 이를 통해 '중국 보너스' 상실을 막을 틀을 짜야 한다는 것이다.

핵심은 역시 'FTA 허브'다. 한국은 미국, EU, 중국 등 세계 3대 경제체와 FTA라는 '경제 고속도로'를 깔았다. 미국, 유럽 기업이 그 고속도로를 타고 중국으로 갈 수 있도록 해야 한다. 기본 여건은 충분하다. 우리에게는 중국이 따라올 수 없는 시장경제 시스템이 있고, 첨단 산업을 이끌 인재가 있다. 중국 시장에 대한 이해도 역시 높다. '한국=첨단 제품의 중국 진출 교두보'라는 등식을 만들 수 있어야 한다.

핵심은 우리가 미국과 유럽, 그리고 중국을 잇는 가교 역할을 할 수 있느냐다. 미국과 유럽 기업이 중국 진출의 교두보로 한국을 선택하고, 중국이 미국과 유럽으로 가는 관문으로 한국을 활용하게 해야 한다. 즉 동아시아 경협을 중국-한국으로 국한하지 말고 미국, 유럽으로 펼쳐 봐야 한다. 한국을 중국, 미국, EU 등이 와서 활동할 수 있는 '고부가 중간재 생산 단지' '첨단 연구개발 단지'로 키워야 한다. 한·중·일 3국, 여기에 미국·EU 등으로 이어지는 공급망(Supply

| 한·중 FTA 교역 흐름 |

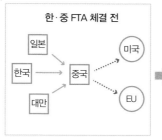

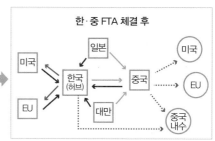

→ 중간재(저부가)
➡ 중간재(고부가)
······▶ 완성품

Fragmentation(공정 분업) | 한국·일본·대만 등에서 생산한 중간재를 중국에서 조립해 미국·유럽 등으로 수출하는 구조. 분업 패러다임

FTA 허브 | 사람, 돈, 기술의 용광로. 한국은 미국·유럽 기업의 중국 진출 전초기지, 중국이 서방 창구 역할. 고부가 중간재 교역의 허브 및 중국 소비자 대상 비즈니스의 중심지. 통합의 패러다임

Chain)을 면밀히 관찰하면 우리가 파고들 여지는 충분하다.

희망의 징후는 여러 곳에서 나타났다. 글로벌 화학업체 바스프는 유기전자 소재의 글로벌 영업본부를 독일 루트빅스하펜 본사에서 서울로 옮겼다. 한국이 유기발광다이오드(OLED) 등 차세대 액정표시장치 부문에서 세계 최고 수준의 기술을 가지고 있기 때문에 내린 결정이다. 당연히 이웃 중국 시장도 감안한 포석이다. 독일 지멘스는 에너지 솔루션 아시아태평양본부를, GE는 글로벌 조선해양본부를 각각 서울로 이전했다.

한국은 중국이 결코 가질 수 없는 자유 시장경제 시스템을 운용한다. 경제 자유가 있고, 경쟁이 있다. 한국 청년은 새로운 기술을 습득하는 능력 면에서 절대 뒤지지 않는다. 중국, 중국인, 중국 경제에 대한 이해도 높아 마케팅 능력도 뛰어나다. 중국과는 비교가 안 되는 높은 하늘과 맑은 산이 있다. 중국으로 가는 디딤돌로 선택하기에 충분히 매력적이다. 더 많은 글로벌 기업이 한국을 찾을 수 있도록 인력, 노무, 교육, 세제 등의 분야에서 투명하고, 안정적이며, 효율적인 기업 환경을 조성해야 한다. 그게 정부의 역할이다.

중국 기업을 끌어들일 수 있는 첨단 산업단지 건설도 필요하다. 2014년 7월 한·중 정상회담에서 합의한 새만금 건설은 좋은 사례다. 수원~인천을 잇는 전자·IT 단지, 남해안의 '조선(造船)벨트', 오송~대덕의 바이오·IT 단지, 울산~포항~부산을 잇는 철강·기계 공업단지 등도 유력한 국제 클러스터 후보다. FTA 영토가 넓어진 만큼 글로벌 비즈니스 시각도 넓혀야 한다.

우리는 되돌아봐야 한다. 과연 외국 기업이 맘 놓고 투자할 수 있을 만큼 안정된 노무 환경을 구축하고 있는지, 연구개발 환경은 잘 짜여 있는지, 적절한 기술인력 양성 시스템은 갖추고 있는지 등을 말이다. 안정된 경영 환경을 갖추지 않는다면 우리가 깔아놓은 중국행 고속도로는 텅 빈 '껍데기 도로'로 전락할 것이다.

1992년 이루어진 한·중 수교가 국내 산업을 한 단계 업그레이드한 계기였다면, 2015년 양국이 맺은 FTA 역시 또 다른 우리 산업 고도화의 계기로 삼아야 한다. 그게 '중국 보너스'를 계속 챙기는 길이요, 한국이 중국과 FTA를 체결한 진정한 이유다.

한·중 비즈니스의 신창타이

제조의 시기에 중국 비즈니스의 가장 큰 관심사는 '어떻게 하면 제품을 더 싸게 만드느냐'였다. 그게 '세계 공장'에서 살아가는 방식이었다. 그러나 앞으로 다가올 '신창타이 경제 3.0 소비'의 시기에는 어떻게 하면 그들에게 비싸게 팔지를 고민해야 한다. 중국 소비자와 소통하는 것이 그만큼 중요하다. 중국에서도 브랜드가 중요하고, 디자인이 필요하고, 마케팅을 중시해야 한다. 중국은 이제 세계 공장이 아닌 '복합 쇼핑몰'이다. 한국에서 성공한 제품을 중국 시장으로 확대하는 것이 아닌, 기획 단계부터 그 복합 쇼핑몰을 겨냥한 제품을 만들어야 한다.

중국 소비자와의 소통

2014년 8월 쿠쿠전자의 상장은 '대박'이었다. 공모가(10만4000원) 두 배에 육박하는 18만 원에 시초가가 결정되더니, 상장 첫날 개장과 함께 상한가를 기록했다. 그 후에도 꾸준히 20만 원을 넘나든다. 오랜만에 터진 기업공개(IPO) 시장에서의 잭팟이었다.

중국 요인이 컸다. 이 회사는 2013년 면세점에서만 약 2000만 달러 매출을 올렸다. 전년보다 2배 이상 늘어난 수준이다. 대부분 중국 관광객이 산 압력 밥솥 덕택이다. 1980년대 일본에 간 한국의 아줌마들이 귀국하면서 '코끼리 밥솥'을 끼고 왔던 것이 연상될 정도다.

쿠쿠가 중국 소비자와 소통하는 방식은 다양하다. 이 회사 관계자

쿠쿠전자 중국 매장

에 따르면 2013년 쿠쿠는 압력 밥솥 약 24만 개를 중국인에게 판매했다. 7만 개는 산둥 칭다오 현지공장에서 만들어 팔고, 나머지 7만 개는 한국에서 생산해 직접 수출했다. 나머지 10만 개는 한국에 온 중국 관광객에게 팔았다.

이른바 '중국 관련 주'라는 게 있다. 중국 경기의 영향을 크게 받는 종목이다. 2012년에는 '바나나맛 우유'가 돌풍을 일으켰다. 달콤한 맛이 중국인의 입맛을 사로잡은 덕택에 이 제품을 만든 빙그레우유 주가는 그 해 약 100% 올랐다 중국에서 초코파이 신화를 일군 오리온 주가도 5년여 동안 약 3배 정도 올랐다. 중국 시장에서의 성공이 주가를 끌어올린 종목은 이밖에도 많다. 의류 패션업체인 베이직하우스, 주방용기 전문업체인 락앤락, 화장품업계의 코스맥스…… 모두 중국 시장 진출에 성공한 회사다.

유커(중국 관광객)와의 소통도 필요하다. 그들이야말로 엄청난 '캐시카우(Cash Cow·현금창출원)'이기 때문이다.

노동절 연휴 때 상하이의 친구 가족을 접대한 한 직장인의 얘기를 들어보자. 그는 직접 차를 몰며 관광 가이드를 했다. 경복궁과 북촌 한옥마을도 가보고 남산에 올라 서울을 조감하기도 했다. 그러나 상하이 친구 가족은 별로 재미없는 듯했다. 혹시 몰라 어디 가고 싶은 곳이라도 있느냐고 물었더니 면세점이라고 했다. 소공동 면세점으로 갔다. 친구 부인의 얼굴이 그제야 환해졌다.

쇼핑을 하던 상하이 친구가 시계 하나를 가리키더니 판매원에게 3개를 포장해 달라고 했다. 한 개에 약 3000만 원 하는 시계였다. 그는 1억 원에 달하는 금액을 아무렇지도 않게 무표정한 얼굴로 카드를 긁었다.

"상하이에도 그 브랜드 시계가 있지 않아?"

"물론 상하이에도 있어. 그곳 시계도 진짜겠지? 그러나 나는 안 믿어."

그가 서울 면세점에서 산 것은 단순한 시계가 아니라 '신뢰'라는 상품이었다. 한국이니까 믿을 수 있다는 인식이 1억 원을 쓰게 만든 것이다. 어디 시계뿐이겠는가? 자동차, 철강, 화장품 등 중국인에게 파는 모든 상품에 '신뢰'라는 부가가치를 섞어야 한다. '신뢰'는 중국인에게 팔 수 있는 경쟁력 있는 한국의 상품이자 중국 소비자와 소통하는 길이기도 하다.

한국에 있는 중국 소비자, 중국 관광객 역시 중국 관련 주를 배출하고 있다. 중국 관광객이 객실을 채우는 호텔신라, 카지노·호텔전문업체인 파라다이스 등도 중국 소비자 덕택에 상승세를 타는 종목이다. 한국을 찾는 유커는 매년 약 600만명. 이들은 평균 150만원 정도를 소비하는 것으로 조사되고 있다. 엄청난 시장이다.

밸류체인을 원점에서 다시 짜야

"둥관(東莞)-선전(深圳) 고속도로가 막히면 세계 PC의 70%가 생산

172

차질을 빚는다."

1990년대 말 한때 유행하던 말로 PC부품 관련 업체가 이 지역에 많이 몰려 있어서 나온 말이다. 모바일 시대, 선전의 명성은 더 빛났다. 세계적인 통신장비 기업으로 성장한 화웨이가 이곳에 둥지를 틀었고, ZTE와 쿨패드 등의 휴대전화 메이커가 깔려 있다. 작은 향진(농촌)기업에서 성장한 세계적인 IT 가전업체 TCL이 자리잡고 있는 곳이기도 하다.

TCL과 인연을 맺은 우리 벤처기업이 있다. 아이카이스트(i-KAIST)가 바로 그 주인공이다. 이 회사는 세계 최초로 플라스틱 플렉시블 터치패널을 개발했다. 유리가 아닌 플라스틱으로 만든 휘는 터치패널로 TV메이커들이 눈독을 들이는 기술이다.

한국은 차세대 TV 분야에서 세계 최고 기업을 2개나 갖고 있다. 삼성과 LG다. 그런데 아이카이스트가 대규모 제품을 공급하는 회사는 국내 기업이 아닌 선전의 TCL이다. 이 회사에 TV용 터치스크린 모듈과 스마트폰의 휘는 디스플레이를 공급한다. 2014년 말 연간 5000억 원대, 최소 5년 동안 공급 계약을 체결했다. 대박이다. 두 회사는 부품공급 계약 외에도 신제품 개발을 공동으로 연구하기로 약속했다.

아이카이스트는 왜 한국이 아닌 중국 기업과 손을 잡았을까? 아이카이스트를 취재한 《중앙일보》 최준호 기자는 그 이유를 이렇게 말했다.

I-KAIST CEO 김성진

"대기업 폐습 때문이다. 그동안 국내 대기업 실무자들은 아이카이스트에 '신생기업을 키워주는 거니 우리에게만 독점 공급해야 한다'거나, '100만 원대 65인치 터치스크린 모듈을 30만 원대에 납품하라'고 요구하기 일쑤였다."

한마디로 날로 먹겠다고 달려든 것이다. 요즘 유행하는 말로 '갑질'이다. 한국 업계의 생태계는 그만큼 일그러졌다. 최준호 기자는 이어서 말한다.

"하지만 TCL은 달랐다. 아이카이스트 측이 2014년 7월 TCL 구매 실무자에게 이메일로 부품공급 의향을 밝히자 곧바로 TCL의 최고위층까지 보고했다. 한 달 뒤 궈아이핑(郭愛平) TCL 사장이 5명의 실무자를 대동하고 직접 한국 아이카이스트를 찾아와 실사 후 협의를 진행했다. 터치스크린 모듈 공급가도 제값인 100만 원대를 보장했다. 부품 공급 협약식까지 걸린 시간은 단 3개월에 불과했다. TCL은 아이카이스트 전담 특별팀을 신설하고, 임원을 수차례 대전으로 보내는 등 공을 들였다."

한국은 중국 기업보다 경쟁에 훨씬 더 익숙해야 한다. 근데 실상은 거꾸로다. 자본주의 하겠다고 달려드는 사회주의 국가, 사회주의 하자고 드러눕는 자본주의 국가……

아이카이스트 이야기는 '중국 보너스 상실의 시대'에 우리 기업이 어떻게 대응해야 할지를 보여주는 좋은 사례다.

한·중 FTA 시대, 이제 '서플라이 체인'을 원점에서 재검토해야 한다. 우리 기술을 받아줄 기업을 중국에서 찾아야 한다. 국경을 허물면 중국이 보인다. 그게 FTA 하는 목적 아니던가? 중소기업이라면 한국 대기업에 기대지 말고, 보다 적극적으로 중국 업체와 새로운 공급 채널을 만들어야 한다. 어떻게 하면 내 제품의 부가가치를 높일지 고민해야 한다.

선전의 옆 도시인 둥관(東莞)에서 만난 신발업체 '윌리엄 램(William Lamb) 둥관'에서 답을 찾아보자. 윌리엄 램 둥관은 한국의 신발 명성을 이어가고 있는 회사다. 아동용 캐릭터 신발 부문에서 세계 1위다. 둥관과 라오스의 22개 공장에서 연간 1000만 족의 신발을 생산한다. 매달 유럽으로 향하는 컨테이너만 100대다. 연매출은 7000만 달러, 사무직 직원은 100명 정도다.

신발은 한때 우리의 주력 산업이었다. 1990년대 초 한국 업체가 세계 1~5위를 차지하던 시절도 있었다. 그러나 지금은 사양산업이다. 1992년 중국과 수교하면서 한국 신발업계는 전멸했다. 싼 인건비를 따라 공장을 모두 중국으로 옮겼기 때문이다.

그러나 김유 사장의 생각은 다르다.

"신발이 사양산업이라고요? 절대 그렇지 않습니다. 1인당 연간 2.5족의 신발이 새로 필요하니 전 세계 수요는 150억 족이나 됩니다. 전쟁이 나면 가장 먼저 찾는 게 신발입니다. 컨버스화는 100년 된 제품이지만 지금도 생산되고 있지요. 신발만큼 안정적인 사업은 없습니다. 중국이 싼 임금으로 대들면, 우리는 머리를 써야 합니다. 고급화할 방안을 짜야 합니다."

그의 경쟁력은 캐릭터다. 아동용 신발에 바비와 키티, 디즈니의 각종 애니메이션 캐릭터를 붙여 제품 가격을 높였다. 일반 신발의 공장 출고가는 켤레당 1.5~2달러에 불과하지만 캐릭터를 부착한 윌

윌리엄 램 사장 김유

리엄 램 제품은 출고가가 4달러 정도 한다. 캐릭터로 가치를 2배로 끌어올린 것이다.

경영학에 '미소곡선(Smile curve)'이라는 게 있다. 디자인, R&D, 브랜드 등으로 가치를 높여 웃어야 한다. 사양산업은 없다. 신발, 내의, 농업에도 고부가 영역은 있다. 한국의 창의력을 중국에서 발휘해야 한다. 신발도 잘만 하면 철강 못지않다.

한국의 기술, 중국이 가격

베이징 택시 운전사가 '중일우호병원 앞'이라며 내려준 거리는 화려함과는 거리가 멀었다. 허름한 가게가 다닥다닥 붙어 있었다. '카라카라'라는 간판은 찾기조차 쉽지 않았다. 문을 밀치고 들어선 매장의 첫 느낌은 '좁다'였다. 16.5m²(약 5평) 남짓, 손님인 듯한 20대 여성 네댓 명이 수다를 떨고 있었다. 한편에선 직원이 의자에 앉은 손님에게 메이크업을 해주고 있었다.

"젊은이들이 여기에 와서 저렇게 놀다 가요. 화장도 해보고, 메이크업 서비스도 받아보고……. 그냥 바르고 가라고 무료로 제품을 내놓습니다. 작은 공간이지만 그래도 1년에 약 60만~80만 위안(약 1억 ~1억4000만 원) 정도의 매출은 나옵니다."

동행한 카라카라 이춘우 사장이 설명했다. 직원들 임금 주고, 임대료 내면 우리 돈으로 한 달 400만~500만 원 정도 순익이 난단다.

이런 카라카라 매장이 중국 주요 도시에 200여 개 된다. 그중 95%는 프랜차이즈고, 나머지 5%만 직영으로 운영한다. 매장 수 60개를 고비로 흑자로 돌아섰다.

"중국에 인구 10만 명 이상의 도시가 약 2600개에 달합니다. 이들 도시에 한 개 이상의 '카라카라' 가맹점을 여는 게 목표입니다."

3000개 매장을 갖고 있는 화장품 프랜차이즈가 그의 꿈이다.

중국 화장품 시장 규모는 이미 약 260억 달러(2012년 기준)를 넘어섰다. 미국과 일본에 이어 세계 3위다. 5년여 동안 연평균 20~30% 늘었다. 시장분석기관인 유로모니터는 2015년 약 456억 달러 규모로 커질 것으로 분석했다. 세계 화장품업체들이 중국에 눈독을 들이는 이유다.

그렇다고 아무나 다 성공할 수 있는 시장은 아니다. 대부분의 유

카라카라 대표 이춘우

명 브랜드가 진출한 데다 중국 현지 업체까지 가세하면서 경쟁은 날로 치열해지고 있다. 세계 최고의 화장품 회사인 프랑스의 로레알도 중저가 브랜드인 가르니에(Garnier) 사업을 철수했다. 이에 앞서 미국 레블론은 모든 중국 비즈니스를 포기하고 돌아갔다. 2000여 개가 넘는다는 현지 업체들이 외국 브랜드에 도전하면서 중국 화장품 시장은 말 그대로 '춘추전국시대'로 접어들었다.

치열한 시장, 카라카라의 선택은 '한국의 기술, 중국의 가격'이다. 품질은 고급 브랜드에 비해 손색이 없지만 가격은 절반 이하로 내려 고객의 지갑을 열겠다는 취지다. 이춘우 사장은 "중국에 진출한 한국 화장품 메이커인 코스맥스에 생산을 맡기기 때문에 품질은 걱정하지 않는다"며 "문제는 얼마나 가격을 내리느냐에 달려 있다"고 말했다.

다시 중일우호병원 앞 카라카라 매장. 가격표를 보니 100위안(약 1만8000원) 넘는 제품이 없다. 매장 내 200여 종류의 상품 평균 가격은 40~60위안이다. 점원 왕메이는 스킨로션 하나를 내보이며 "백화점에서는 이와 거의 비슷한 제품 값이 200~300위안이다. 하지만 우리는 69위안에 판다"며 "한 번 다녀간 고객은 반드시 다시 온다"고 말했다. 착한 가격이 여심을 흔들고 있는 것이다.

카라카라의 표적 시장은 분명하다. 한 달에 약 2000~5000위안(약 36만~90만 원)을 버는 20~30대 평범한 직장 여성이다.

"월급 50만 원을 받는 여성이 랑콤이나 설화수 등 고급 브랜드를 쓸 수 있을까요? 불가능하죠. 그들은 작은 립스틱을 하나 살 때도 여러 군데 돌아보고 가장 싼 것을 고릅니다. 다 나름 시장이 있는 겁니다. 게다가 이들은 중국에서 가장 두터운 소비층이기도 하지요. '외자 업체는 비싸게 팔아야 한다'는 고정관념만 깨면 비즈니스 기회는 널려 있습니다."

사업 초기에 이춘우 사장의 주변 지인들은 "저가 시장에서는 승산이 없다"며 많이 말렸다고 한다. 그러나 8년여가 지난 지금, 그들은 카라카라의 뻗어가는 네트워크를 보며 부러워한다. 처음에는 "이미지 나빠진다"며 제품 생산을 거절했던 코스맥스도 "카라카라 제품이라면 OK"라고 반기고 있단다. 그도 그럴 것이 가맹점을 신청하고 대기하는 사람만 100명이 넘는다.

이춘우 사장은 화장품에 관한 한 문외한이다. 개발한 적도, 팔아본 적도, 스킨로션 이외에는 써보지도 않았다. 그런 그가 사업 아이템으로 화장품을 선택한 것은 가맹점 사업에 가장 유리한 조건을 갖추고 있기 때문이다.

"중국 전역을 커버하는 유통망을 짜기 위해서는 3개 원칙을 만족하는 상품이어야 했습니다. 첫째, 전국 단위의 품질 관리가 가능할 것, 둘째, 저비용 물류가 가능할 것, 셋째, 고유의 기술을 확보할 수 있을 것 등입니다. 그게 바로 화장품이었던 거지요. 화장품은 완제품을 만들어 뚜껑을 닫아 공급하니 동일 품질을 유지할 수 있고, 단위가 작으니 적은 비용으로 배송할 수 있습니다. 기술이야 한국 회사가 만드니 보장할 수 있고요. 게다가 한류도 받쳐주고 있으니 마케팅도 유리하고······."

이춘우 사장은 "커피나 식당 등 가맹점이 중국에서 실패하는 이유는 품질 관리가 힘들기 때문"이라며 "이 3가지 조건을 만족하는 아이템이라면 지금 시작해도 늦지 않을 것"이라고 강조했다. 불황이라고 하지만 아직도 매년 10% 안팎으로 소비 시장이 확대되는 나라 중국. 그곳에 비즈니스 기회는 널려 있다는 게 그의 지론이다.

'한국 기술에 중국 가격', 문제는 역시 가격이었다. 이춘우 사장은 중국인과 경쟁했을 때 뒤지지 않을 가격 구조를 만들어야 했다.

"카라카라에는 3가지가 없습니다. 우선 광고가 없지요. 중저가 제품 시장은 가격에 따라 움직입니다. 브랜드 광고에 돈을 쏟을 필요가 없지요. '품질 좋고 가격이 싼 한국 화장품'이라는 입소문이 바로 최고 광고입니다. 둘째는 과대 포장이 없습니다. 포장은 가격 버블의 직접적인 요인입니다. 가급적 검소하고, 작게 포장해 거품을 걷어냈습니다. 셋째는 대리상(중간 유통상)이 없습니다. 중간 유통상을 끼지 않고 직접 제품을 공급합니다. 화장품이기에 가능합니다."

그게 같은 품질의 브랜드 제품보다 가격을 3분의 1 수준으로 내릴 수 있는 비법이었다.

이춘우 사장은 중국인보다 더 독하게 허리띠를 졸라맸다. 골프는 물론 가라오케(노래방 술집)에 발을 끊은 지 오래고, 술은 맥주 한 잔 이상 마시지 않았다. 덕택에 이춘우 사장은 중국 사람보다 더 중국인 같은 '짠돌이'라는 핀잔을 자주 듣는다. 그러나 그는 "사장인 내가 솔선하지 않고 어찌 직원에게 고통을 강요하겠느냐"고 반문한다.

이춘우 사장은 그렇게 중국인이 되어가고 있었다. 중국인이 되면 될수록 유통 네트워크는 더 깊숙이 대륙을 파고들고 있다.

헤이룽장에서 익어가는 파스퇴르의 꿈

하얼빈 비행장에서 자동차를 타고 6시간을 달려 도착한 치치하얼(齊齊哈爾)의 '코휘드 목장(科菲特牧場)'. 사방 끝없이 펼쳐진 평원에 젖소 축사가 자리 잡고 있었다. 젖소 1000마리, 중국에서야 크다고 할 순 없지만 한국의 기준으로는 초대형 목장이다. 초지에서는 젖소들이 한가로이 풀을 뜯었고, 목장에서는 착유 작업이 한창이었다. 근처 멍뉴(夢牛) 우유공장에 공급할 원유였다.

이정주 사장이 취재진을 맞이했다. 그는 어떻게 이 일에 뛰어들었을까? 얘기는 2011년으로 돌아갔다. 당시 지린 성 창춘에서 사료공장 코휘드를 운영하던 이 사장에게 헤이룽장 성 치치하얼 시정부에서 전화가 한 통 왔다.

"혹시 젖소를 기를 수 있습니까?"

"난 사료공장을 운영하지, 낙농을 하진 않습니다."

"한국인이고, 농업 분야에 종사하니 젖소 사육도 가능하지 않나요?"

전화는 그렇게 끊겼다. 뜬금없었다. 대뜸 전화를 걸어와 젖소를

코휘드 사장 이정주

키울 수 있느냐고 물으니 말이다. 사정은 이렇다. 베이징 올림픽이
한창이던 2008년 8월. 중국 사회를 뒤흔든 사건이 발생했다. '멜라
민 분유 파동'이었다. 엄마 품속에서 분유를 먹던 아기가 갑자기 얼
굴이 시퍼렇게 변하더니, 부르르 떨다가 그만 사망하고 마는 충격적
인 일이었다. 언론에 보도된 사망 유아만 6명. 분유에 섞인 화학성분
멜라민이 참사를 불렀다. 사람들은 이런 사례가 더 많을 것이라며
쉬쉬 했다. "당국이 올림픽으로 언론통제를 해 보도가 되지 않았을
뿐"이라는 얘기가 나돌았다.

중국은 이 사건으로 쇼크에 빠졌다. 제조업은 세계 최대 규모로

성장했지만, 가장 기초적인 먹거리 문제에서는 아직도 후진국이었으니 말이다. 그래서 시작한 게 낙농 현대화였다. 그 후 헤이룽장(黑龍江), 네이멍구(內蒙古), 허베이(河北) 등 주요 목축 지역에서는 낙농 전업화(專業化)를 활발하게 진행했다.

중국의 낙농 현대화 정책은 목축 단지인 헤이룽장 성에서 더 적극적으로 시행됐다. 당시 그곳에서 시작한 게 '낙농협동조합'이다. 중국의 낙농 농가라는 게 뻔했다. 한 농가에 젖소 10마리, 20마리, 많아야 50마리였다. 그들에게 위생을 기대할 수는 없었다. 그들이 짜내는 우유의 양도 신통치 않았다. 그래서 나온 방안이 협동조합형 관리였다. 젖소를 한곳으로 모아 대단위로 기르면 규모의 경제를 이룰 수 있고, 과학적으로 관리할 수 있다는 취지였다. 문제는 목장을 경영할 수 있는 기술자를 찾는 일이었다. 그들이 이정주 사장에게 전화를 건 이유다.

"치치하얼 당국이 '목장협동조합' 경영자를 찾던 중 어디에선가 내 얘기를 들은 것이지요. 낙농 선진국 한국에서 온 사료 기술자이니 분명히 젖소를 맡겨도 될 것이라고 생각했던 겁니다. '그래, 몇 마리를 모아줄 수 있느냐'고 물었더니 '1000마리'라고 답하는 겁니다. 나는 그러마 했지요. 기술자야 대관령에서 스카우트하면 되니까요."

그렇게 해서 이정주 사장은 치치하얼의 목장을 경영하기 시작했다.

"이런 구도입니다. 주변 농민이 소를 우리 목장에 위탁하고, 대신 우리는 그들에게 한 마리당 일정액의 배당금을 매년 지급합니다. 우리는 젖을 생산해 이득을 얻고, 농민은 생산성 낮은 농업에서 해방될 수 있어 이득이지요. 우리 목장 원유는 이곳에서 최상품으로 인정받아 값이 10% 정도 비쌉니다. 그래도 근처 우유업체인 멍뉴는 젖을 짜기가 무섭게 가져갑니다. 사료요? 농장 근처에 우리 사료공장을 지었습니다. 고급 사료를 안정적으로 먹일 수 있게 된 겁니다."

우유 팔아 돈 벌고, 사료 팔아 돈 벌고……. 이정주 사장은 한국의 사료기술과 낙농기법이 있었기에 가능한 구도였다고 말했다.

이정주 사장은 농축산업 분야에 기회가 있다고 말한다.

"지금은 한국 우유가 중국에 먹히지만, 나중에도 그럴 것이라고는 장담할 수 없습니다. 분유 깡통 하나 수출하는 식의 소극적인 대응으로는 한계가 있습니다. 세계 최고 우유, 축산업체가 헤이룽장, 네이멍구, 허베이 등으로 몰려들고 있다는 것을 잊지 말아야 합니다. 이웃에서 거대한 시장이 새롭게 형성되고 있는데 우리는 좁아 터진 국내에서만 아웅거리고 있으니 답답합니다."

그리고 마지막으로 한마디 덧붙였다.

"낙농뿐만 아니라 농업 분야는 한국 기술과 노하우라면 도전해볼 만한 구석이 많습니다. '한국 식품은 안전하다'는 인식만 심어준다면 한국 농·수·축산 가공품의 중국 시장 진출 가능성은 큽니다. 농업은 한국이 중국에 밀리는 분야라는 패배의식만 버린다면 더 큰 게 보일 겁니다."

농업에서 벗어나 '먹거리' 영역으로 시각을 넓히면 기회는 더 많다. 우리의 많은 식품이 중국 시장 공략에 성공하고 있다. 상하이에 가면 중국의 명동'이라는 난징루(南京路)와 이어진 푸저우루(福州路)가 있다. 번화한 상업 스트리트다. 이곳에 미스터피자 체인점이 있다. 2015년 3월 취재차 들렀을 때 평일임에도 문밖에 손님이 줄을 서서 기다리고 있었다. 고객을 보니 대부분 젊은이였다. 젊은 취향에 맞게 분위기를 만들었고, 젊은이가 좋아하는 식단으로 음식을 제공하고 있었다. 주방을 통유리로 만들어 피자 만드는 과정을 고객이 직접 볼 수 있도록 했다. 청결하다는 인식을 심어준 것이다.

미스터피자는 2015년 순익 전환에 성공했다. 주요 도시의 고급 매장이 100개가 넘었다. 중국에도 맥도날드, KFC, 피자헛 등의 프랜차이즈가 골목을 파고든다. 그들이 하는 것을 우리가 못할 리 없다.

최근 교역통계를 보더라도 먹거리 분야 시장은 매력적이다. 중국의 2014년 교역 통계를 보면, 한국이 중국에 수출한 먹거리 상품 중 1000만 달러를 넘긴 품목이 14개에 이르렀다. 2010년에는 고작 4개였지만, 최근 급격히 늘어나는 추세다. 그래뉴당, 분유, 음료, 김 등이 효자 상품이다. 상징적인 의미가 강하지만 이제는 쌀도 중국으로 수출한다.

먹거리 수출의 가장 큰 애로는 유통기한이다. 신선제품은 통관이 하루만 늦어도 상하기 쉬워 시장 진출에 애를 먹는다. 이번 한·중 FTA 조항에는 '48시간 이내 통관 원칙'이 담겨 있다. 물론 정착되려면 시간이 좀 걸리겠지만, 먹거리 교역에 큰 힘이 될 것이다.

일반적으로 FTA가 발효되면 한국처럼 제조업 위주의 국가는 공산품을 생산하는 산업계가 대체로 혜택을 보고, 농수산물을 생산하는 농어민과 축산 농가가 타격을 보는 것으로 알려져 있다. 이 때문에 정부가 한·중 FTA 피해 대책의 하나로 1조 원 규모의 '농어촌 상생 협력기금'을 걷겠다고 발표해 '준(準)조세' 논란을 불러일으키기도 했다. 하지만 기업의 준조세나 정부의 보조금으로 농민의 피해와 불만을 무마하려는 것은 지속 가능한 대책이 아니다.

FTA가 대세인 지금 농민도 전방위 경쟁에서 예외가 아니다. 초고속 정보통신기술(ICT) 시대에 로컬(local)이 글로벌(global)이고, 글로벌이 로컬이다. 이런 지구촌에서 글로컬(glocal) 마인드로 세상과 적극 소통하고 교감하면서 생존의 해법과 지혜를 찾는 수밖에 없다.

이런 각도에서 눈여겨볼 현장이 있다. 한·중 FTA를 계기로 2015년 12월 15일과 16일 중국 국영 농업기업인 중량(中糧)그룹을 포함해 9개 쌀 수입 및 유통업체 관계자 12명이 방한해 쌀 생산 가공 및 상품화 과정을 둘러봤다. 같은 달 23일과 27일 중국 정부의 검역관 4명이 경기도 이천 등 전국 6곳의 쌀 생산지를 찾아 미곡처리장 등을 꼼꼼히 점검하기도 했다. 이천쌀은 조선시대 임금님 수라상에 올랐다. 이제 잘하면 중국 소황제(小皇帝) 가정의 밥상에 올라갈 기회다. 소황제는 '한 자녀 갖기' 정책에 따라 태어나 귀하게 자란 중국인들로 지금 중국의 중산층을 형성하고 있다. 한국산 쌀이 중국 시장에 먹힐 수 있는 것은 중국 쌀보다 한국 쌀의 식품안전성에 대한 기대가 있기 때문이다. 비싸도 기꺼이 사먹을 의향이 있는 것이다.

중국의 스마트폰 업체인 샤오미가 한국 시장에 진출해 가격 대비 우수한 품질로 큰 호응을 얻자 '대륙의 실수'라는 말이 회자됐다. 몸집 큰 중국이 '좁쌀'(샤오미)을 세계 시장에 들고 나온 것부터 참신하고 혁신적이다. 전자산업 강국인 한국 시장에 중국은 '좁쌀 스마트폰'을 들고 와서 재미를 보고 있다.

우리도 발상을 바꿔보자. 중국산 저가 농산물 공포에 사로잡혀 넋 놓고 있거나 보조금에 중독되면 곤란하다. 농업대국인 중국 시장에 우리도 삼성전자와 현대차뿐 아니라 더 다양한 '한국 다미(大米·쌀)'를 발굴해 팔아보자. 글로컬 시대에 변화의 풍향과 조류를 잘 읽으면 기회의 창은 열려 있다.

'소황제'의 '소황제'를 주목하라

중국 통계국이 밝힌 2015년 말 현재 중국의 인구는 13억7462만 명이다. 그런데 재미있는 사실 하나가 있다. 중국 노동자는 9억 명이지만, 소비자는 13억7462만 명이라는 점이다. 신생아는 태어날 때부터 소비자다. 그들이 유아 시장을 형성한다. 중국이 두 자녀 허용 정책을 실시하면서 그 시장은 더 커지고 있다. 60세가 되어 은퇴하면 그들이 제공하는 노동력은 사라지지만 소비는 계속되어 실버 시장을 형성한다. 그러기에 중국 시장에 파고들려면 인구 구조가 어떻게 변화하는지 잘 살펴야 한다.

한미약품은 요즘 뜨고 있는 회사다. 이 회사를 '유아 시장 전문업체'라고 한다면 믿겠는가? 그러나 중국에서는 맞는 얘기다. 한미약품이 중국에 진출한 때는 1996년이다. 지금은 한 해 약 2000억 원의 매출을 올린다. 중국 사업의 핵심 약품이 바로 어린이 유산균 정장제인 '마미아이(媽咪愛)'와 어린이 감기약 '이탄징(易坦靜)'이다. 두 약품 모두 중국 해당 시장에서 점유율 1위를 달리고 있다. 한미약품이 성장 뒤에는 유아 시장이 있었다는 얘기다.

그래야 한다. 내 회사가 비록 아동전문업체가 아니더라도, 그 시장을 겨냥한 상품을 개발할 필요가 있다. 피아노 회사라면 아동마케팅팀을 당장 만들어야 한다. 화장품 회사라면, 어린이 피부에 맞는 제품을 개발해야 한다. 모든 분야에서 중국 아동시장에 맞춘 제품과 마케팅 전략을 짜야 한다.

《월스트리저널》보도에 따르면 2014년 말 현재 중국 아동시장 규모는 대략 2500억 달러에 달한다. 2020년에는 산하 제한 정책이 해제되어 그 규모가 두 배로 더 커질 전망이다. 그러나 통계는 통계일 뿐이다. 우리는 시장 내부에서 어떤 일이 일어나는지를 주시해야 한다.

지금 자녀를 낳아 부모가 되는 세대는 바링허우(八零後), 즉 1980년대 이후 태어난 사람들이다. 1가구 1자녀 정책을 시행한 후 태어났다. 소황제(小皇帝)로 불린 이들은 소비성향이 높고, 주관이 뚜렷하다. 비교적 부유한 환경에서 자랐기에 가격보다는 품질과 안전을 중시한다. 수입품을 선호한다는 특징도 있다. 그렇다면 한국 아동 제품이 중국에서도 통할 수 있다는 얘기다.

유아시장 성공작도 속속 등장한다. 우리의 캐릭터 '뽀로로'를 내세운 테마파크는 베이징을 거점으로 시장 공략에 나서고 있다. 뽀로로 영화, 뽀로로 캐릭터 학용품 등으로 확장될 여지는 많다. 한국 우유와 분유는 중국의 젊은 엄마들 사이에서 '영양가 높고 믿을 만한 유제품'으로 인식되고 있다. 중국 시장은 과잉공급으로 고전하는 국내 우유업계에 돌파구를 제공할 수 있을 것이다.

그렇다고 쉬운 시장은 아니다. 경쟁이 치열하고, 외국 유명 브랜드도 이미 깊숙하게 들어와 있다. 까다로운 시장이기도 하다. 조사한 결과 90% 이상의 중국 엄마들은 1~3개의 고정 브랜드를 구매하려는 소비패턴을 보였다. 좀 더 장기적인 전략을 세워 공략해야 한다. 체험단을 가동하고, 샘플을 꾸준히 증정하고, 전시회에 얼굴을 내미는 등 많은 공을 들여야 한다.

중국 란저우(蘭州)는 서부 오지다. 베이징에서 비행기를 타고 서쪽으로, 서쪽으로 4시간 정도 날아가야 도착한다. 그런 오지에 한국의 아동복 브랜드인 '아가방' 매장이 있다. 멀고도 먼 그곳에 어떻게 아가방 매장이 있을까?

지금 아가방의 최대 주주는 중국 업체다. 패션의류 전문업체인 랑시가 2014년에 인수했다. 랑시가 적자인 한국 회사를 인수한 이유는 분명하다. 성장하는 중국 아동복 시장을 겨냥한 것이다. 랑시는 중국 내 600개에 달하는 자사 네트워크에 아가방 브랜드의 아동복을 실어 판매할 계획이다. 중국 기업의 마케팅 능력과 한국 브랜드의 결합이다. 브랜드에 자신이 있다면 지분을 나눠서라도 시장 공략에 나서야 한다. 거대한 시장에서 돈을 벌어, 또 다른 경쟁력을 쌓아야 한다. 그게 기술 유출을 막는 길이다.

매력도 상품이다

《중앙일보》 중국연구소는 매년 200여 명의 중국 청년 공무원을 초청해 한국을 소개하는 교류 사업을 진행한다. 약 10일 동안 세미나도 열고, 기업도 방문하고, 관광도 한다. 매번 그들이 돌아갈 때 설문지를 돌려 소감을 묻는다. '10일 동안의 한국 여행에서 가장 기억에 남는 곳이 어디인가.' 경복궁, 한옥마을, 성산 일출봉 등 그들이 본 것은 많다. 그런데 가장 많이 나오는 답은 무언극 '난타'였다.

그들은 아마 경복궁을 보면서 베이징의 고궁을 떠올렸을 것이다. 한옥마을에 가서는 어느 소수민족의 민속촌을 생각했을지도 모른다. 그러나 난타는 다르다. 그들이 흉내를 낼 수 있는 것이 아니다. 한국의 다이내믹하고 매력적인 공연 문화가 중국인을 감동시킨 것이다. 매력, 그게 바로 우리가 그들에게 판 상품이다. 창의(創意) 산업 분야에서도 중국은 빠르게 성장하고 있다. 그러나 그들이 넘을 수 없는 우리만의 경쟁 요소가 뚜렷이 있다. 공산당이 주도하는 사회주의체제의 경직성으로는 자유로운 창작 환경을 만들기가 쉽지 않기 때문이다.

2016년 히트작 '태양의 후예'는 한국과 중국에서 동시 방영된 첫 한류 드라마다. 한국을 넘어 중국 대륙에서도 실시간으로 신드롬을 일으켰다. '태후'는 한국 드라마 수출과 관련한 각종 기록을 갈아치웠다. 중국 동영상 플랫폼인 아이치이에 회당 150만 위안(약 3억8000만 원)에 판권을 판매했고, 중국과 일본뿐 아니라 영국과 프랑스·이탈리아·독일 등 19개국에 판권을 팔았다.

이게 꼭 연예계만의 일은 아니다. 히트 드라마는 한류가 돼 한국 모든 제품의 브랜드 가치를 높인다. '사랑이 뭐길래'가 방영되던 1990년대 말은 한국 브랜드가 중국에서 가장 파괴력이 있을 때였

드라마 '태양의 후예'

다. 에어컨, 냉장고, TV 등 한국 가전제품이 전성기를 누렸다. '대장금'이 방영되던 당시 현대자동차는 베이징 공장에서 '소나타' 생산을 막 시작했다. 현대자동차가 중국 시장에서 빠르게 자리 잡은 것도 단연코 '대장금'의 역할이 컸다. 드라마 '별그대'는 한국 화장품에 날개를 달아줬다. 이렇게 문화상품과 제조상품은 서로 연결되는 것이다. 현대자동차는 마땅히 '대장금' 제작진에게 큰절이라도 해야한다. 아모레퍼시픽은 배우 전지현에게 상을 줘야 한다. 제조업일수록 문화상품에 더 관심을 가져야 한다.

드라마 '태후'의 성공 공식은 무엇일까? 《중앙일보》 조득진 기자는 중국 드라마 제작 1위 기업인 화처(華策)미디어의 역할이 컸다고 분석한다. 중국 저장 성에 위치한 화처미디어는 일찍부터 한류 콘텐츠에 관심을 갖고 2014년 10월 535억 원에 '태양의 후예' 제작사인 NEW 지분 15%를 매입했다. 제조업뿐 아니라 문화·게임 등 콘텐츠 산업도 외국 기업과 손잡으면 큰 시너지 효과가 나타날 수 있다는 것을 보여주는 예다.

드라마뿐 아니라 영화·게임 등 엔터테인먼트·정보기술(IT) 분야도 중국 자본과 한국 기업의 협업이 두드러진다. 미국에서 먼저 개봉한 애니메이션 '넛잡'을 만든 한국의 콘텐츠 제작 기업인 레드로버는 아예 중국 측이 최대 주주다. 레드로버는 쑤닝유니버셜미디어가 약 20%의 지분을 갖고 있다.

게임업계도 한중 합작은 위력을 떨친다. 국내 IT 기업 투자에 가장 적극적인 중국 기업은 텐센트다. 2015년 말 기준 텐센트가 한국 기업에 투자한 액수만 1조 원으로 추정된다. 2012년 카카오에 720억 원을 투자해 현 다음카카오의 지분 9.35%를 보유 중이다. 2014년에는 넷마블게임즈에 5300억 원을 투자해 3대 주주(25%)로 등재돼 있다. 네시삼십삼분, 파티게임즈, 카본아이드 등 눈에 띄는 모바일 기업에도 텐센트의 투자금이 들어가 있다. 사물인터넷, O2O(Online to Offline), 핀테크 등 신사업 분야에도 중국 자본이 활발히 유입되고 있다. O2O 커머스 전문기업인 얍컴퍼니는 중국과 홍콩에 기반을 둔 오프라인 유통기업인 뉴월드그룹으로부터 약 2000만 달러의 투자금을 받았다. 얍컴퍼니는 중국 내 서비스를 위한 합작사를 설립 중이다.

광장시장 떡볶이 집이 대박 나려면?

앞에서 지적했듯, 중국은 지금 산업 구조개혁을 추진 중이다. 핵심은 역시 스마트 제조, 인터넷과의 융합이다. 중국 업계에서 불고 있는 스마트 바람은 인터넷 모바일에서 시작되고 있다. 이를 단적으로 보여주는 게 얍컴퍼니가 눈독을 들인 O2O 서비스다.

중국 O2O 시장은 지금 폭발적으로 성장하고 있다. 6억 명에 육박한 모바일인터넷 사용자가 힘의 원천이다. 2015년 시장 규모는 약 4600억 위안, 우리 돈 84조 원에 달한다. BAT라고 알려진 바이두, 알리바바, 텐센트 등 인터넷 거두가 주도한다. 이들은 기존 O2O업체 지분을 인수하거나 아예 통째로 사들이는 방식으로 이 시장에 진출하고 있다. 바이두가 갖고 있는 누오미(糯米), 알리바바가 주도하는 어러머(餓了麽·Eleme), 텐센트의 메이퇀(美團) 등이 그것이다. 시장 주도권 싸움이 치열하다. 싸움이 치열할수록 오프라인에서 이뤄지던 상행위는 점점 더 온라인 속으로 빠져들고 있다.

그런데 사실 이건 한국 기업에는 남의 집 잔치다. 결국 플랫폼 싸움인데, 우리가 그 시장에 끼어들 여지는 많지 않다. 그렇다면 우리는 중국 모바일 혁명은 어떻게 바라봐야 한까?

유커(중국 관광객) 비즈니스 얘기를 한 번 더하자. 한국을 찾은 중국 관광객의 특징 중 하나가 점점 스마트화하고 있다는 점이다. 한국문화관광연구원 조사에 따르면 중국 유커는 한국에 와서 하루 평균 213분 인터넷을 사용했다. 물론 스마트폰을 통해서다. 그들은 한국에 오기 전에 이미 서울 어디에서 식사를 할지, 어디에 가서 물건을 살지를 정하고 온다. 유커를 상대로 비즈니스를 하려면, 이제는 중국 유명 O2O 사이트를 찾아 광고해야 한다. 능력이 된다면 중국어로 된 애플리케이션을 개발해 유커를 끌어들이는 것도 방법이다. 광장시장 떡볶이 집도 O2O 사이트를 활용하면 금방 대박 칠 수 있다. 중국의 모바일 혁명이 결코 남의 일이 아니라는 얘기이다.

중국 플랫폼은 우리에게도 열린 공간이다. 그중에서 가장 매력적인 것이 바로 게임 콘텐츠다. 텐센트는 세계 최대 게임업체이기도 하다. 전체 매출이 우리 돈으로 약 14조 원, 이 중 절반이 게임에서 나온다. 게임에서의 성공이 오늘 텐센트를 만들었다고 해도 과언이 아니다. 그 성공을 가져다준 게 바로 한국 게임이다.

한국 게임은 2001년 '미르의 전설'이라는 온라인게임을 시작으로 중국에서 폭발적인 인기를 끌었다. 한국 게임을 공급하는 샨다라는 회사는 2004년 뉴욕 나스닥시장에 상장할 만큼 성공 신화를 쓰기도 했다. 당시 한국 게임은 성공의 보증수표였다. 중국의 많은 게임공급업체가 한국 게임을 사가기 위해 줄을 섰다. 텐센트도 그중 하나였다. 텐센트는 2007년 그다지 두각을 보이지 않던 온라인 PC게임인 '크로스파이어'를 중국으로 가져가 대박을 쳤다. '크로스파이어'가 기록한 최고 동시 접속자 수 420만 명은 온라인게임 역사상 최고의 기록으로 기네스북에 올라 있다.

텐센트는 이 게임으로 지금도 한 해 1조 이상의 수익을 낸다. 또다른 한국 게임인 '던전앤파이터' 역시 히트를 치면서 텐센트의 주수입원이 됐다. 텐센트가 지속적으로 한국 게임에 관심을 두고, 인수 합병에 나서는 이유가 거기에 있다. 일각에서 한국 게임이 결국은 중국으로 넘어갈 것이라는 우려의 목소리가 높다. 그러나 창의적인 업계 문화가 살아 있는 한 경쟁력은 장기간 유지될 것이다. 2001년에도 기술 유출 우려가 있었지만 아직 건재하지 않은가.

우리는 그동안 중국과 '굴뚝' 분야에서 협력을 해왔다. 그러나 중국도 이제는 공장에서 굴뚝을 치우려고 한다. 모바일 차이나, '굴뚝 시대'의 사고로는 중국을 읽을 수 없다.

5장

차이나 리스크

많은 전문가가 중국 경제의 하드랜딩(경착륙)을 얘기한다. 공급과잉, 주가 급등락, 부동산 버블, 그림자금융, 여기에 환경오염까지 중국 경제를 옥죄는 요소는 많다. 부채에 의존한 성장이 한계에 달했기 때문에 나타난 현상이다. 중국 정부는 '경제 운용의 패러다임을 기존의 투입의존형 경제에서 소비 중심의 고부가 경제로 전환하는 과정에서 발생한 진통'이라고 설명한다. 그러나 그 과정이 순탄하게 진행될지는 낙관할 수 없다. '아직 금융 분야에 전이가 되지 않았을 뿐 산업 현장은 이미 위기 상황'이라는 분석이 설득력 있게 들릴 정도다. 중국 관방 경제전문가들조차도 '사상 최악의 엄중한 사태'라고 말한다. 세계 경제 성장의 50%를 이끌어낸다던 중국 경제에 무슨 일이 생긴 것일까?

부채 공화국

중국에서는 한 해 약 15만 건 이상의 시위가 벌어진다. 20만 건이 넘는다는 얘기도 있다. 2014년 1월 중국공상은행 상하이본부 앞에서도 작은 규모의 시위가 벌어졌다. 20여 명의 중년 남녀가 모여 웅성거렸다. 그런데 그 분위기가 다른 시위와는 좀 달랐다. 사람이 적고, 시위대가 불어나지도 않았다. 플래카드도 없었다. 그들은 책임자와의 면담을 요구할 뿐 뚜렷한 집단행동을 한 것도 아니었다.

왕 여사가 시위에 나선 까닭

시위자 중 한 명인 왕(王) 여사는 2011년 초, 이곳 공상은행 직원에게 투자 제안을 받았다. 연이율 9.5~11.5%의 수익을 보장해주는 재테크(理財) 상품이 나왔다고 했다. 상품 이름은 '청즈진카이(誠至金開)1호', "VIP급 고객에게만 추천한다"고 했다. 당시 은행 예금 금리가 3~4%에 불과해 여기에 솔깃하지 않을 수 없었다. 게다가 중국 최대 국유상업은행인 공상은행이 판매하니 걱정할 게 없었다. 왕 여사는 300만 위안(약 5억4000만 원)을 투자했다. 3개월마다 꼭꼭 이자가 나온다니 만족할 만했다.

문제가 생긴 건 2년여가 지난 2013년 1월이었다. 이 상품은 만기일이던 1월 31일 나머지 이자와 원금을 돌려받게 되어 있었다. 그러나 공상은행이 "청즈진카이1호에 대해 원금 상환을 보장할 수 없다"고 선언했다. 한마디로 디폴트(채무 불이행)선언이었다. 마른 하늘에 날벼락 떨어지는 소리였다. 왕 여사는 "공상은행을 믿고 샀는데, 그게 말이 되느냐?"며 항의했지만 소용없었다. 은행 측은 "법적인 책임이 없다"는 말만 되풀이했다.

이 지경에 이른 원인은 무엇일까? 이야기는 2009년, 중국의 대표적인 석탄 탄광지역인 산시(山西) 성에서 시작된다. 42세의 농촌 출신 기업가 왕펑옌(王平彦)은 당시 석탄개발회사인 전푸(振富)에너지를 경영하고 있었다. 연간 300만t을 생산하는 건실한 업체였다. 2000년대에 들어서면서 시작된 석탄가격 인상으로 짭짤히 돈도 모았다. 번 돈으로 베이징에서 아파트도 몇 채 사뒀다. 그러던 2009년, 그의 사업에 어두운 그림자가 드리웠다. 금융위기 여파로 수요가 줄면서 매출이 줄기 시작했다. 정부가 탄광 붕괴사고를 이유로 영세

탄광 통폐합에 나서면서 경영의 최대 위기에 직면했다. 당시 정부는 소규모 탄광을 국유기업에 흡수하는 정책을 추진했다.

왕핑옌은 국유기업에 먹히지 않기 위해서는 규모를 늘려야 한다고 판단했다. 그래서 주변 업체를 인수하기로 했다. 문제는 돈이었다. 작은 민영기업인 전푸에너지에 돈을 빌려줄 은행은 어디에도 없었다. 그는 아는 사람에게 은행 대출금리의 5~6배에 달하는 연이율 36%의 고리로 돈을 빌렸다. 이자는 따질 계제가 아니었다. 경기가 좋아지면 금방 갚을 수 있다고 판단했다. 이때 만난 구세주가 중국의 메이저 신탁회사인 중청신탁투자(China Credit Trust)였다.

중청신탁투자는 2011년 왕핑옌의 탄광에 투자하기 위해 상품을 만들어 판매에 나섰다. 총 판매 규모 30억 위안, 약 5400억 원에 달하는 금액이었다. 2년 만기의 상품, 판매는 공상은행이 맡았다. 왕 여사가 상하이 공상은행 PB 지점에서 산 바로 그 상품이다.

공상은행으로서는 재테크 상품 판매가 아주 매력적인 사업이었다. '대출은 예금의 75% 범위 내에서만 가능하다'는 여신 규정을 피할 수 있기 때문이다. 은행은 예대마진으로 먹고 산다. 그런데 75% 규제에 막혀 각 상업은행은 대출 수요가 많아도 빌려줄 돈을 마련할 수 없다. 그래서 중국의 은행들이 눈을 돌린 게 바로 재테크 상품 판매였다. 아예 신탁회사 등과 함께 상품을 만들어 팔기도 했다. 공상은행은 '청즈진카이1호' 판매로 4%의 수수료를 챙긴 것으로 알려졌다.

그림자금융

만약 경기가 좋았다면 모두 행복했을 것이다. 왕 여사는 원금에 10%가량 이자를 챙겼을 테고, 왕핑옌은 빌린 돈으로 인수한 5개 광산으로 사업을 늘렸을 것이다. 중청신탁투자는 40% 안팎의 수익률을 거뒀을 테고, 공상은행은 수수료를 챙겼으니 누이 좋고 매부 좋고, 꿩 먹고 알 먹기였을 것이다.

그러나 문제가 터졌다. 2012년에 들어서면서 석탄가격이 폭락하고, 왕핑옌의 사업은 추락하기 시작했다. 석탄 가격은 고점이던 2010년에 비해 20% 이상 떨어졌고, 전푸에너지의 재무제표에는 빨간불이 켜졌다. 결국 2013년 파국을 맞고 말았다. 개인투자가들에게 빌린 돈을 갚지 못해 고소를 당한 그는 결국 구금 상태에 이르렀다. 그가 빌린 돈 50억 위안 중 30억 위안은 중청신탁투자가 중개한 것이다. 피해를 피해갈 수 없었다. 만기를 며칠 앞두고 판매사인 공상은행은 '법적으로 아무런 책임이 없다'며 먼저 손을 들었다. 중청신탁투자는 "투자가들의 손실을 막기 위해 애쓰고 있다"는 말만 되풀이했다. 왕 여사와 같이 고스란히 돈을 떼일 처지에 몰린 사람들이 700여 명에 달했다.

이밖에도 디폴트 사례는 많다. 지린(吉林)신탁이 건설은행을 통해 판매한 신탁상품 '쑹화장(松花江)5기'가 투자사 부도로 디폴트를 선언하기도 했다. 광다(光大)은행의 경우 "밖으로 알려지지는 않았지만 2012년 13건, 2013년 14건의 신탁상품 채무불이행 사고가 발생했다"고 밝혔다. 업종별로는 부동산 분야 15건, 석탄 5건, 화공 2건 등이다. 경기 둔화의 충격이 큰 분야에서 디폴트가 많이 발생했다.

왕 여사의 사례는 그림자금융의 속살을 보여준다. 그림자금융이란 '은행과 비슷한 기능을 하면서도 은행과 같은 엄격한 건전성 규제를 받지 않는 금융기관의 거래 행위'를 통칭한다. 당연히 투명하지 않다. 중국의 그림자금융 규모가 어느 정도인지는 기관마다, 그 범위에 따라 크게 차이가 난다. 국제신용평가사인 무디스는 중국의 그림자금융 규모가 45조 위안으로 GDP의 71%에 이른다고 분석하고 있지만 중국 사회과학원은 20조 위안 정도라고 주장한다.

'왕 여사 사건'은 어떻게 해결됐을까? 아무 일 없이 지나갔다. '누군가 전푸에너지에 돈을 투자했고, 덕택에 700여 명의 투자자들은 원금을 회수할 수 있었다'고 중국 언론은 전했다. '보이지 않는 손'이 사태를 해결했다는 얘기다. 보이지 않는 손이 누군지에 대해서는 말이 많다. 공상은행이 대신 막아줬다느니, 해당 지역의 전주가 나섰다느니 설이 분분하다. 분명한 것은 사태가 더 커지는 것을 우려한 정부의 입김이 작용했다는 점이다. 중국 정부는 이렇게 금융과 관련한 문제만 나오면 급한 불만 끄려고 할 뿐 근본적인 대책은 뒤로 미룬다. 곪아 터질 때 터지더라도 일단 때우고 본다. 그러는 사이 금융시장은 더 왜곡되고 있다.

유령도시

개혁개방 35년, 휘황찬란했다. 중국은 매년 10% 안팎의 성장가도를 달려왔다. 성장의 가장 큰 동력 중 하나가 '지방정부'다. 지방정부의 앞뒤 안 가리는 '묻지마 투자'가 화려한 성장의 직접적인 힘이었다. 지방 지도자는 승진하기 위해 정치적 업적(政績)을 보여줘야 했다. 옆 동네에서 무엇을 하든 상관없다. 일단 때려 짓고 본다. 중복투자? '그건 내가 알 바 아니다'라는 식이다. 자신의 관할지 GDP 성장률이 높아야 승진할 수 있기 때문이다. 돈? 땅을 팔면 된다. 그것도 여의치 않으면 은행에 가서 빌려오면 된다. 갚는 것도 '내가 알 바 아니다'. 상환 만기가 돌아올 때쯤 나는 더 좋은 자리로 옮겼을 테니 말이다. 지방정부의 부채 문제는 그렇게 잉태되고 있었다.

오르도스의 버블과 붕괴

네이멍구(內蒙古) 자치구의 오르도스는 한때 '중국의 두바이'라고 칭송받던 도시다. 중국에서 럭셔리 자동차가 가장 많이 팔리는 곳, 세계 미인대회가 열리기도 했다. 실제로 2011년 오르도스의 1인당 GDP는 2만 달러를 넘어 중국 최고의 부자 도시에 이름을 올리기도 했다. 그 화려했던 오르도스가 지금은 '유령 도시(鬼城 · Ghost City)'라는 오명에 시달리고 있다. 가동이 멈춘 공장은 흉물스럽게 방치되어 있고, 시내 외곽에 조성된 캉바스(康巴什) 신도시의 아파트는 입주자를 찾지 못해 텅 비어 있다. 그곳에서 대체 무슨 일이 벌어졌던 것일까.

초원 오르도스에 개발 붐이 분 것은 1990년대 후반, 정부가 자원 개발을 위해 대규모 투자에 나서면서부터다. '대박'이었다. 2000년대 들어 석탄, 희토류 등 자원 가격이 오르면서 외부에서 떼돈이 밀려들었다. 금방 부동산 시장이 달아올랐고, 시내 곳곳에 아파트 개발 공사가 벌어졌다. 시정부는 금방 부자가 됐다. 부동산 개발업자에게 국유 토지를 팔면 되니까 말이다. 정부는 그 돈으로 다시 건설프로젝트를 시작했다. '오르도스는 공사중(Ordos under Construction)!'이라는 팻말을 붙여야 할 정도였다. 흥청망청, 정부 관리는 개발업체 뒤를 봐주는 대가로 아파트 몇 채를 챙겼다. 전형적인 부패다.

2008년 세계 금융위기가 터지면서 상황은 급변했다. 원자재 수요가 줄면서 자원 가격이 급락하자 오르도스 경제는 빠르게 위축되었다. 정상적이라면 구조조정을 하고, 부실기업을 정리해야 했다. 그러나 이때 중앙정부가 구원의 손길을 내밀었다. 2008년 11월 약 4조 위안 규모의 경기부양책을 내놨던 것이다. 지방정부가 투자프로젝트 기획안을 올리면 국가개혁발전위원회(한국의 옛 경제기획원과 유사)가 즉각 승인해줬다. 선정된 프로젝트는 중앙정부로부터 사업비 절반을 지원받고, 나머지 반은 지방정부가 현지 은행에서 빌려 충당토록 했다. 오르도스의 하늘에는 다시 타워크레인이 올라가기 시작했다.

지방정부는 규정상 은행 대출을 받거나, 지방채를 직접 발행할 수 없다. 이때 전국적으로 등장한 게 바로 '지방정부융자플랫폼(地方融資平臺·LGFV·Local Government Financing Vehicles)'이다. LGFV는 땅을 팔거나 또는 은행 돈을 차입해 자금을 마련하여 프로젝트를 추진했다. 오르도스에서만 약 30개, 전국적으로 8000여 개가 2009년 이후 우후죽순처럼 생겼다. 이들의 맹활약에 힘입어 또다시 GDP 성장률이 치솟았다. 그게 2008~2009년 세계적인 경기 침체 속에서도 중국이 버틴 힘이다. 영국 주간지 《이코노미스트》가 중국을 '세계 경제의 백기사'라고 표현한 게 바로 그때다.

오르도스 외곽의 캉바스 신도시 건설 프로젝트가 시작된 것도 그때다. 인구 100만 명을 유치할 수 있는 규모, 주거와 레저시설을 갖춘 최고급 타운으로 계획됐다. 대규모 부동산개발 업체가 뛰어든 것은 물론이다. '인구가 고작 150만인 도시에 100만 명을 수용할 수 있는 신도시를 만든다?' 상식적으로는 말도 안 되는 얘기였지만 누구도 이런 의문을 제기하지 않았다. 그게 '붐(Boom)'의 속성이다. 많은 사람이 아파트 분양 사무실로 달려갔고, 버블은 점점 커져만 갔다.

경제에 공짜 점심은 없는 법, 이 역시 오래 가지 못했다. 2010년 들어 중국 경제에는 위기감이 감돈다. 너무 돈이 많이 풀렸기에 물가가 급등하고, 부동산 시장이 과열된 탓이다. 인플레에 놀란 정부는 2010년 들어 은행 돈을 죄기 시작했다. 은행 창구를 닫아버리면서 부동산 시장이 썰렁해졌다. 오르도스 경제에도 어두운 그림자가 드리우기 시작했다. 은행 돈으로 시작한 건설 프로젝트가 모두 중단될 위기에 처했기 때문이다. 돈을 구해야 했다. 그러나 은행 창구는 막혔다. 채권을 발행할 수도 없었다. 그때 위력을 발휘한 게 바로 LGFV다.

은행 창구가 막힌 상황에서 그들은 비은행 금융기구로 눈을 돌릴 수밖에 없었다. 신탁회사 재무관리상품 등이 LGFV를 통해 지방정부 프로젝트로 흘러갔다. 오르도스 시정부가 캉바스 신도시 건설을 위해 세운 둥성(東勝)도시건설개발투자집단공사도 흔한 LGFV 가운데 하나다. 2008년 1월 설립된 이 회사는 은행에서 대출받기가 어렵게 되자 2009년 말 시안국제신탁으로부터 2억4200만 위안(약 430억 원)의 자금을 빌렸다. 그림자금융과 지방정부 부채는 그렇게 연결된다. 공상은행 앞에서 시위를 벌이던 '왕 여사' 역시 그 부채 고리의 희생자였다.

오르도스뿐만 아니다. 구이양(貴陽)·잉커우(營口)·창저우(常州)·허비(鶴壁)·하이커우(海口) 등 중국 전역 곳곳에 유령 도시가 깔려 있다. 지방부채가 어느 정도로 심각한지 보여주는 사례다.

부동산 버블, 그리고 붕괴

2014년 5월 투자은행 노무라가 〈중국 부동산 시장 보고서〉를 내놨다. 지극히 도발적이었다. "대세 상승세를 타던 부동산 시장이 이미 터닝포인트를 지나 조정기에 접어들었다"고 분석했다. 보고서는 "중국 정부가 각종 부양책을 쓴다고 해도, 부동산 문제 때문에 2014년 성장률은 기껏해야 7.4%에 그칠 것"이라고 내다봤다. 2015년에는 6.8%로 떨어질 것이라고 단언했다. 돌이켜보면 맞는 얘기다. 2014년 GDP 성장률은 7.3%, 2015년에는 6.9%였으니 말이다. 노무라는 중국 경제가 경착륙(hard landing·'4분기 연속 5% 이하 경제 성장'으로 정의했다)에 빠질 가능성이 3분의 1에 달한다고 봤다.

부동산 버블 붕괴의 가장 큰 피해자는 지방정부다. 지방정부는 그동안 재정수입의 약 40%를 토지 매각에 의존했다. 집값이 떨어지자 그것도 어려웠다. 가뜩이나 부채에 시달리는 지방정부는 엎친 데 덮친 격으로 혹한의 시기를 보내야 할 판이다. 중국 성장 엔진에 균열이 생긴 셈이다.

부동산 개발업체 역시 직접적인 타격을 받는다. 업계에 파산 기업이 하나둘 등장했다. 저장(浙江) 성 닝보(寧波)의 부동산개발 업체 싱룬(興潤)이 그중 하나다. 이 회사는 2010년 닝보 주변의 3급 도시인 평화(奉化)에 아파트를 짓기 위해 땅을 샀다. 제곱미터당 7853위안, 모두 6억6000만 위안을 투자했다. 2011년 말 '타오위안(桃源)'이라는 이름의 아파트 단지를 짓기 시작했다. '무릉도원'이라는 이름에 걸맞은 초호화 주택이었다. 14억4000만 위안이 투자 자금은 대부분 은행에서 빌렸다.

그런데 2012년 6월 분양을 시작했을 때는 분위기가 바뀌어 있었다. 치솟던 집값은 하락세로 돌아섰고, 주변 땅값도 급락했다. 타오위안 아파트 주변 토지는 싱룬이 2010년에 살 때보다 절반 이상 떨어졌다. 주변보다 2배나 비싼 땅에 집을 지었으니 팔릴 리 없었다. 결국 싱룬의 분양사무실은 파리만 날렸고, 약 35억 위안에 달하는 부채를 견디지 못해 부도를 맞아야 했다.

부동산 분야는 '그림자금융'의 온상이기도 했다. 랴오닝(遼寧) 성 안산(鞍山) 시의 라오둥지에(勞動街) 주택사업은 그 위기를 잘 보여준다. 2010년 시작된 이 개발 프로젝트는 국유 건설기업인 중국 야진(冶金)그룹이 사업을 맡았다. 조건은 '건물 완공 후 대금 지급' 방식이었다. 일단 야진그룹이 돈을 들여 집을 지은 뒤 지방 정부에 넘겨주면, 정부가 대금을 일괄 지급하는 식이다. 그러나 집을 완공한

2012년에 문제가 생겼다. 안산 시 정부가 대금을 지불하지 못한 것이다. 당초 안산 시는 토지를 매각해 대금을 지급하려고 했었다. 그러나 부동산 경기가 급랭하면서 매각에 차질이 생겼고 대금을 지급하지 못하게 되었다. 야진은 꼼짝없이 건설비 14억 위안(2400억 원)을 물게 됐다. 하루라도 빨리 돈을 회수해야 했던 야진그룹은 신탁회사인 CITIC신탁을 찾았고, CITIC신탁은 이 프로젝트를 근거로 연 9~10%에 달하는 투자상품을 만들었다. 금융 당국의 감독을 피해 움직이는 '그림자금융' 자금이 부동산 개발 과정에 개입한 것이다. '왕 여사'의 그림자는 여기에도 드리워 있다. 집 사려는 사람은 줄어들고, 값은 더 떨어지고, 개발사는 부채 압박에 시달리고, 그림자금융은 시장을 더 꼬이게 만들고……. 거대한 투기장이던 중국 부동산 시장은 한 번 빠지면 헤어나기 힘든 늪으로 변해가고 있다.

기업부채

한 나라의 부채는 크게 정부부채와 민간부채로 나뉘고, 민간부채는 다시 기업부채와 가계부채로 갈린다. 중국의 부채 규모는 발표 기관마다 다소 차이가 있기는 하지만, 국제결제은행(BIS)은 2015년 6월 말 현재 GDP의 약 243% 수준으로 추산한다. 이 중 정부부채는 약 43%, 가계부채는 38%에 이른다. 비교적 안정적인 수준이다. 문제는 GDP의 약 162%를 차지하는 기업부채다. 증가 속도가 너무 가파르다. 2008년 세계 금융위기 전 92%에 불과하던 수치가 불과 7년여 만에 70%포인트나 더 늘었다. 기업부채가 세계 최고 수준인 나라, 중국의 산업 현장에서는 어떤 일이 벌어지고 있는 걸까.

태양광이 드리운 그림자

2007년 들면서 세계 유가가 폭등하기 시작했다. 결국 2008년 벽두 배럴당 100달러 선을 뚫는 '슈퍼 스파이크(Super Spike)'를 기록했다. 그래서 각광을 받은 게 대체에너지고, 태양광이다. 태양전지를 만드는 핵심 소재인 폴리실리콘은 부르는 게 값이었다. 킬로그램당 50달러 안팎에 거래됐던 게 500달러까지 치솟기도 했다. "어, 이거 돈 되네~"하며 세계 각국이 태양광 산업에 뛰어들었다.

중국이 이를 놓칠 리 없다. 태양광을 '국가산업'으로 육성하기 시작한 게 바로 이때다. 에너지 문제만 나오면 중국은 분기탱천한다. 중국 경제의 치명적 아킬레스건이 바로 에너지이기 때문이다. 석유, 비철금속 등 전통 에너지 분야는 국유기업이 잡고 있지만, 태양광 같은 신생 분야는 민영기업의 몫이다. 많은 기업가가 뛰어들었고, 중국 정부는 은행을 동원해 적극 밀었다. 다른 사영기업이 국유 은행의 싸늘한 외면을 받았어도 태양광업체는 따뜻한 지원을 받았다.

효과는 금방 나타났다. 정부의 '폭풍 지원'에 힘입은 민영기업은 적극적인 연구개발로 세계 기술을 따라잡았다. 핵심 경쟁력인 광변환효율을 18~20%까지 끌어올렸다. 세계 최고 수준이었다. 언론은 '중국인의 천부적인 비즈니스 감각이 발양됐다'며 환호했다. 세계 태양광업계는 중국판이었다. 2011년 '중국 태양광 4대 천왕'으로 불리는 기업 중 선테크(Suntech)는 세계 시장점유율 1위 업체로 뛰어올랐고, JA솔라(2위), 트리나(4위), 잉리(6위) 등이 상위에 랭크됐다. 세계 시장의 약 40%가 이들 몫이었다. 뉴욕 증시에 상장된 중국 태양광업체만 9개였다. 그야말로 '태양광 강국'이었다.

그러나 그게 끝이었다. 2010년 새로운 산업으로 자리를 잡는 듯했던 태양광은 2011년에 들어 사양길로 접어들었다. 유가가 급락하면서 언제 그랬냐는 듯, 관심은 태양광에서 멀어졌다. 사태를 더 심각하게 만든 건 바로 중국이다. '묻지도, 따지지도 않고' 지은 공장이 제품을 쏟아내면서 세계 시장은 금방 물량으로 넘쳐 흘렀다. 2011년 초 킬로그램당 80달러 하던 폴리실리콘 값은 그 해 중순 50달러, 연말에는 30달러로 떨어지더니, 2012년에는 손익분기점으로 여겨지던 20달러 선마저 깨졌다.

당연히 경쟁력 없는 업체는 시장에서 퇴출되었다. 미국에서 먼저 '곡소리'가 났다. 버락 오바마 대통령이 극찬했다던 솔린드라가 2011년 파산했고, 이듬해에는 유니솔라와 어바운드솔라 등 대표 주자가 문을 닫았다. 태양광 강국이라는 독일도 충격을 피해가지 못했다. 대표 회사인 큐셀과 솔텍처가 2012년 법정관리에 들어갔다.

그 와중에도 흔들리지 않는 기업이 있었으니 바로 중국 업체였다. 중국 정부의 태양광 지원 사업이 지속됐기 때문이다. 도산, 그건 다른 나라 얘기였다. 장시(江西)의 태양광업체로 뉴욕 증시에 상장한 LDK는 '설비를 2배 확장하겠다'고 호기를 부리기도 했다. 그들은 덤핑 값으로 수출해야 했다. 미국과 유럽이 가만히 있을 리 없었다. 중국산 태양광 관련 제품에 대해 반덤핑 관세를 부과하고, 그로 인해 무역전쟁이 벌어지기도 했다.

은행의 자비로 연명하는 기업들

2015년 3월 5일, 리커창 총리는 전인대(의회) 첫 날 정부 업무 보고에 나섰다. 그는 '시장'과 '개혁'을 유독 강조했다. 성장 목표 7.5%를 제시할 때 박수를 받기도 했다. 그러나 시장의 관심은 정작 딴 곳에 있었다. 바로 그 시간 멀리 광둥 성 선전 증시에서 터져 나온 상하이차오르(上海超日)태양광이 주인공이다. 이 회사는 '회사채 이자 8980만 위안(약 157억 원)을 갚을 수 없게 됐다'고 공시했다. 채무불이행 예고다. 상하이차오르는 대체 어떤 회사였기에 리커창 총리의 '7.5% 성장'을 무색하게 했을까.

니에카이루(倪開祿). 상하이의 평범한 건자재업체에서 일하던 그가 차오르태양광을 설립한 건 2003년 6월이다. 별 기술이 필요 없었다. 전지를 사와 조립해 패널을 만드는 일이었다. 태양광이라고 하니 은행은 돈을 대줬고, 지방정부는 땅을 거저 내줬다. 한때 패널 가격이 폭등하면서 돈도 많이 모았다. 대박이었다. '상하이의 대표 민영기업가'라는 칭호도 들었다. 2010년에는 선전 증시에 상장도 했다.

욕심이 생겼다. 핵심 소재인 폴리실리콘 생산에 도전하기로 했다.

2011년 2000t 규모의 폴리실리콘 생산 설비 투자에 나섰다. 돈은 당연히 은행에서 끌어왔다. 그러나 폴리실리콘 값은 이미 하락세로 접어들었던 터였다. 생산시설 한 번 가동해보지 못한 채 파국을 맞았다. 주력인 모듈 공정 가동률도 16%선까지 떨어졌다. 당연히 적자가 났다. 2011년 이후 내리 적자였다. 돈이 딸렸다. 2013년는 1조 7000억 위안 규모의 대출 상환이 돌아왔으나, 간신히 도산을 면했다. 상하이 시정부의 중재로 은행이 상환을 연장해줬기 때문이다. '보이는 손'은 그렇게 시장에 개입한다.

힘겹게 막았지만, 은행 대출의 이자 납부 기간은 어김없이 돌아왔다. 2012년 3월 7일 그는 10억 위안의 회사채를 발행했다. 8.98%의 금리, 결국 그는 이자를 지급하지 못해 파산에 직면했다. 니에 사장은 2012년 신탁회사에 손을 빌린다. 자신이 갖고 있던 주식을 담보로 고리 신탁자금을 끌어 빚을 돌려 막았다. 그림자금융은 그렇게 기업 부채장부로 파고들었다. 돌려막기에도 한계가 있었다. 리커창 총리가 '시장과 개혁'을 역설하던 바로 그 시간, 니에 사장은 증시를 통해 회사채 이자에 대한 디폴트를 공시한 것이다.

태양광뿐만 아니다. 철강, 석탄, 조선, 시멘트, 건설 등 대표적인 공급과잉 업종의 많은 기업이 점점 더 한계 상황으로 몰렸다. 투자 회수금이 계속 줄어드는 상황에서 디폴트 기업은 더 늘어날 수밖에 없다. 중국의 GDP 대비 비금융 기업부채는 2010년 124%에서 2012년 136%, 2013년 147%, 2014년 157%, 2015년 162%로 증가일로다. '은행이 막아줘 버티고 있을 뿐 실질적으로는 위기상황'이라는 말이 그래서 나온다. 부채에 의존해 성장했던 산업이 한계에 직면한 것이다.

경제가 성장하고 있다면 부채는 큰 문제가 되지 않는다. 그러나 지금은 수축기다. 기업이 돈을 벌어 빚을 갚기가 더 힘들어지고 있다는 얘기다. 스위스연방은행은 상하이와 선전 증시에 상장된 1391 개의 A주 기업을 대상으로 수익성을 조사했다. 자료에 따르면 2015년 3분기 수익은 전년 같은 기간보다 16% 떨어진 것으로 나타났다. 2010년 이후 최악의 실적이다. 특히 에너지·자본재·원자재 등의 영역은 훨씬 상황이 심각했다. 철강 분야의 기업 70%와 석탄 분야 절반 이상의 기업은 이자보상비율이 1배에도 미치지 못했다. 원금 상환은 고사하고 이자를 갚기도 어렵다는 얘기다. 그 이후 상황이 나아졌다는 통계는 어디에도 없다.

서방 일각에서 중국의 금융위기설이 제기되는 것은 당연해 보인다. 그들의 주장은 분명하다. 지금 중국의 민간 분야 부채 수준은 다른 나라의 위기 때와 비슷하다는 점이다. (금융부문을 제외한) 중국의 민간부채는 2015년 9월 말 현재 GDP 대비 약 200%(가계부채 38%, 기업부채 162%·약 17조5000억 달러)에 달하고 있다. 일본이 '잃어버린 10년'으로 접어들었던 1990년께의 부채와 비슷한 수준이다. 1997년 위기에 휩쓸린 태국의 당시 부채보다 높고, 서브프라임 사태가 터졌던 2007년 미국보다도 높다. "그러니 중국도 결국 위기로 빠져들 것"이라는 논리다.

금융위기로 전이되나?

과연 그럴까? 한 나라의 금융위기는 크게 두 가지 경로를 밟으며 폭발한다. 첫째는 해외에서 빌려온 돈을 갚지 못해 발생하는 외환위기다. 1997년 태국의 위기가 그랬고, 한국 역시 마찬가지였다. 그러나 중국은 다르다. 민간부채의 약 95% 이상이 국내 부채다. 게다가 중국은 다소 줄었다고는 하지만 3조 달러 이상의 외환을 보유한 나라다. 2015년에도 6000억 달러 이상의 무역흑자를 기록했다. 달러 유출로 인한 금융위기 발생 가능성은 매우 낮다. 2016년 초 홍콩에서 위안화 공격에 나섰던 해외 투기세력이 중국 당국의 방어에 상처만 입고 물러선 건 이를 보여준다.

둘째는 부동산 버블 붕괴가 금융위기로 전이되는 경우다. 버블 붕괴로 부채를 이기지 못한 기업과 가계가 파산하면서 위기는 폭발한다. 1990년대 초 일본이 그랬고, 2008년 미국이 그랬다. 그러나 중국이 그 전철을 밟을 것이냐는 건 또 다른 문제다. 경제학자인 위융딩(余永定)은 "중국의 부동산 대출잔액은 전체 위안화 대출 잔액의 20%대에 불과하다"며 "이는 선진국보다 훨씬 낮은 비율로, 통제 가능한 수준"이라고 말하고 있다. 크레디트스위스에 따르면 홍콩 증시에 상장된 17개 중국 은행의 대출에서 부동산 대출이 차지하는 비율은 약 26%에 달한다. 모기지론(주택담보 대출) 17%, 부동산개발사 6%, 건설사 3% 등이다. 모기지론을 제외하면 그다지 위협적인 수준은 아니다. 모기지론 역시 건전하다. 중국 소비자는 모기지론을 받아 집을 살 때 집값의 30~50%를 자기 돈으로 넣어야 한다. 현재 주택 가격이 약 40%까지 떨어져도 은행은 버틸 수 있다는 게 중국 전문가들의 분석이다. 게다가 중국 은행의 부실채권율은 1~2%로 매우 안정된 수준이다.

기업부채의 상당부분이 국유기업에서 비롯됐다는 점도 감안해야 한다. 국유기업은 국가 기업이다. 손실이 발생하고, 부실이 누적될 수는 있어도 부채를 상환하지 못해 파산하는 일은 발생하지 않을 것이다. 국가가 뒤를 봐주고 있기 때문이다. 기업부채 문제가 통계가 보여주는 것처럼 위험하지 않을 수 있다는 얘기다.

중국의 정책 수단은 다양하고 강력하다. 미국이나 일본은 나라 곳간이 좁아 재정정책을 쓸 수 없다. 그러니 통화정책에 의존할 수밖에 없다. 유럽 각국은 유로 시스템으로 인해 통화정책을 운용할 수 없어 재정정책에만 의존한다. 그것마저 허약하니 재정위기가 발생했다. 그러나 중국은 재정정책과 통화정책 등 2장의 카드를 모두 쥐고 있다. 재정적자는 GDP의 2.3% 수준으로 건전하다. 인플레가 낮아 통화 공급도 가능하다. 제조업 분야 부실이 금융 분야 위기로 전이되지 않도록 방어할 정책적 수단이 충분하다는 얘기다.

물론 금융위기로 비화할 가능성이 낮다고 해서 실물 부문에 문제가 없다는 것은 아니다. 정부가 위기를 막기 위해 지원을 하면 할수록 산업은 더 왜곡되고, 안으로 곪게 된다. 결국 얼마나 빠르게 산업 구조조정을 이룰 수 있느냐가 핵심이다. 중국 정부는 과잉 분야 구조조정을 통해 문제를 해결하겠다는 입장이다. 적자를 3년 연속 낸 기업을 퇴출하고 철강, 구리, 시멘트 국유기업의 감산과 감원을 진행하고 있다. 수백만 명의 실업도 감수하겠다는 결연한 의지를 보이고 있다. 시진핑 주석이 제기한 공급 측 개혁의 핵심이기도 하다. 이들 정책이 얼마나 빨리, 그리고 어느 정도 효과를 낼 것인지에 중국 부채 문제의 해결이 달렸다.

정부와 시장의 게임

충격은 컸다. 2016년 새해가 시작되자마자 터진 '상하이 증시발 (發) 공포'는 신흥국과 선진국을 가리지 않고 세계 금융시장에 커다 란 충격파를 던졌다. 중국 외환보유액이 빠르게 줄어들자 위기감도 높아졌다. 교역의 5분의 1 이상을 중국에 의존하는 우리로서도 비상 이 아닐 수 없다.

조롱경제(鳥籠經濟)

1980년대 초 베이징. 거리는 할 일 없이 빈둥거리는 젊은이로 넘 쳐났다. 문화대혁명 때 지방으로 쫓겨났다가 다시 고향으로 돌아온 청년들이었다. 어떻게 이들을 먹여 살려야 할 것인가. 1978년 말 개혁개방의 기치를 올린 덩샤오핑에게 주어진 과제였다. 그는 '시장 (市場)'을 선택했다. 시장의 분배 기능을 경제 운용의 수단(tool)으로 활용하자는 것이었다. 그렇다면 시장에 어느 정도의 자율을 허락할 것인가. 그때 제기된 이론이 '조롱(鳥籠)경제론'이다. "새[鳥]를 새 장[籠]에 가둬 키우듯 시장도 정부 정책의 틀 속에 넣어 운용하자" 는 이야기였다. 덩샤오핑의 동료 혁명전사이자 경제 전문가였던 천 윈(陳雲)이 제기한 논리였다. 새는 시장을, 새장은 정부 정책을 의미 했다. 천윈은 "새장이 없으면 새는 날아가버린다"며 "국가가 시장을 틀어쥐고 관리해야 한다"고 주장했다.

그로부터 35년, 개혁개방은 중국을 'G2'의 나라로 키웠다. 사영기 업이 등장하고, '자본주의의 꽃'이라는 증시도 설립됐다. 역외 위안 화 시장도 형성됐다. 새(시장)의 몸집이 커졌다는 얘기다. 그럼에도 새는 여전히 새장(정부)의 보호를 받아야 하는 존재일 뿐이다. '조롱 경제'의 속성은 크게 변하지 않은 것이다. 몸집이 커진 새, 이를 가 둬 키우려는 정부……. 그 과정에서 발생한 게 바로 상하이 증시 폭 락이다.

복기해보자. 2016년 1월 3일 증시 폭락의 직접 요인은 8일로 예 정됐던 '대주주 매각 재허용' 때문이었다. 대주주들이 주식을 대거 시장에 쏟아낼 것이라는 우려가 시장에 퍼지면서 투매로 이어졌다. 6개월 전(2015년 6월) 상하이 증시 폭락 때 시행했던 증시 안정 대책 이 화근이었다. 당시 폭락에 당황한 증권 당국이 내놓은 시장 안정

대책 중 하나가 바로 '향후 6개월 동안 대주주(5% 이상의 지분 보유)의 지분 매각 금지'였다. 그 응급 조치가 끝나는 날이 바로 8일이었고, 이게 또 다른 폭락을 부른 것이다.

주가가 떨어질 만하면 증시에는 '보이는 손'이 여지없이 등장했다. 2015년 4월엔 《인민일보》가 "증시 랠리는 초기 단계에 불과하다"며 주식 매입을 부추기기도 했다. 공산당 기관지가 주가 띄우기에 가세한 셈이다. '시장은 얼마든지 조작 가능한 존재'라는 당국의 오만이 증시 참사를 불렀다는 것이다.

상하이 증시는 이미 정부가 주가를 좌지우지하던 시절의 시장이 아니다. 중국 증시의 상장 기업은 2700개가 넘는다. 거래량은 미국에 이어 세계 두 번째다. 공산당 당원 수(약 8500만 명)보다 많은 약 1억 명의 개인 투자자들이 달려들면서 시장은 투전판으로 변하고 있다. 정부가 시장을 관리하기는 점점 더 힘들어졌다. 새는 성장하면 속성상 둥지를 떠나 훨훨 날고 싶어 한다. 증시 역시 정부 개입을 거부하는 속성이 있다. '과시하는 손(무리한 개입)'은 시장을 왜곡시킬 뿐이다. 그게 주가 폭락의 본질이다.

국제화의 역설

시장의 범위가 해외로 확대되면 정부 정책은 시장의 공공연한 도전을 받기도 한다. 위안화 환율시장 불안은 그래서 생긴 문제다. 정부의 원래 방침은 점진적인 평가절하였다. 환율은 그 가이드라인 속에서 움직여야 했다. 그런데 서방 투기세력이 몰려들더니, 홍콩 역외시장에서 위안화 가치가 급락했다. '새'가 '새장'을 벗어나 날아가려 한 것이다. 중국 인민은행(중앙은행)이 이를 보고만 있을 리 없다. 보유 달러를 풀어 투기꾼과 전쟁을 벌였다. 2016년 1월 한 달 동안 중국에서 빠져나간 달러는 공식 통계로만 약 995억 달러다. 이 중 상당액이 이 전쟁의 '총알'로 쓰였다. 인민은행의 외환보유액은 약 3조2000억 달러. 경제가 불안하고 환율 상승(통화 가치 하락) 전망이 지속되면 자금 이탈은 눈덩이처럼 불어날 수 있다.

중국은 GDP 10조8000억 달러 규모의 세계 제2위 경제 대국이다. 여전히 세계 평균 성장률보다 4%포인트 이상 높은 성장세를 유지하고 있다. 2015년 무역흑자만 약 6000억 달러다. 이런 나라의 통화가 투기세력의 공격을 받는다는 것 자체가 말이 안 된다. 그러나 지금 진행되고 있는 일이다. 홍콩은 중국 국내 시장과는 달리 수급에 따라 움직이는 시장 메커니즘이 통하는 곳이다. 노회한 투기세력이 휘젓고 다닌다. 인민은행은 이들과 전쟁을 해야 하는 처지가 됐다.

중국이 홍콩에 위안화 역외 금융시장을 조성한 건 2010년, 위안화 국제화를 위한 행보였다. 평상시 거래 규모는 하루 50억~80억 달러(중국은행 통계)로 그리 크지 않다. 그럼에도 중국 환율시스템 전체를 흔들 파괴력을 보여주고 있다. 지금은 위안화 국제화의 초기 단계다. 국제화가 심화될수록 해외시장의 압력은 커질 수밖에 없다. 그렇다고 자본유출 통제와 같은 급진적 조치를 취하기도 쉽지 않다. 그동안 공들여 추진해온 위안화 국제화의 퇴보를 의미하기 때문이다. 위안화 국제화의 역설이다.

두 손의 협력?

중국인의 독특한 사유(思惟)체계와 연관된 문제다. 궁즉통(窮則通), 그들은 '양극단은 서로 통한다'고 본다. '서로 모순인 것도 끝없는 변화와 상호작용하여 하나로 발전한다(正反合)'고 여긴다. 중국의 정신과 서양의 물질은 청(淸)나라 말 '중체서용(中體西用)'으로 결합됐고, 마르크스주의도 '중국식 사회주의'로 바뀌었다. 중국의 현 정치경제 체제인 '사회주의 시장경제'도 서방의 시각으로는 모순으로 보이지만, 중국인에게는 자연스러운 결합이다. 중국은 이를 '두 극단(兩端)의 조화'라고 설명한다.

이는 시진핑 주석의 '두 손 협력(兩手合力)'론으로 이어졌다. 시장의 '보이지 않는 손(看不見的手)'과 정부의 '보이는 손(看得見的手)'이 협력해야 한다는 논리다. "시장이 자원배분에서 결정적인 역할을 맡아야 한다"면서도 "시장은 정부의 인도(引導)와 관리·감독(監管)의 범위에서만 운용돼야 한다"고 강조한다. '조롱경제' 철학과 다르지 않다. 그에게 정부와 시장은 대립이 아닌 보완·발전의 관계다. 그러나 이번 금융시장 사태는 시장이 시진핑 주석의 의도와는 다르게 움직일 수 있다는 걸 보여줬다. 특히 글로벌 금융시장과 연결되면 정부 정책은 공격받을 수도 있다. '두 극단의 대립'이다.

중국 경제시스템은 정부가 시장을 주도하는 '국가 자본주의' 성향이 짙다. 강력한 정부가 시장 개혁을 주도했고, 시장은 역동성으로 답했다. 전문가들은 지난 1~2년 사이 이 구도에 변화가 왔다고 분석한다. 《월스트리트저널》의 중국 문제 칼럼니스트인 앤드루 브라우니는 "시진핑은 시장 개혁을 강조하지만, 실제로는 거의 정체 상태"라며 "자본이 빠져나가는 것은 정부에 대한 시장의 신뢰가 흔들리고 있음을 보여준다"고 분석한다. 개미 투자자들은 섣부른 정부 정책 때문에 자신이 피해를 봤다고 여기고 있고, 해외 투기꾼들은 중국 정부의 실력에 의문을 품기 시작했다는 얘기다. 정책에 대한 신뢰는 중국 경제 성장의 동력이었다. 그 성장 엔진에 균열이 생기고 있는 것이다.

'중국 경제는 경착륙할 것인가?' 부동산 버블, 그림자금융, 설비 과잉, 주가폭락, 환율 불안 등 위기 요소는 많다. 모두 정부의 무리한 정책이 야기한 시장 왜곡에서 비롯된 사안이다. 경착륙 여부는 정부와 시장이 조화롭게 발전할 것이냐, 아니면 충돌할 것이냐에 달려 있다. 결과를 단언하기는 힘들다. 다만 분명한 것은 경착륙한다면, 그것은 정부 정책에 대한 신뢰의 위기에서 비롯될 공산이 크다는 점이다.

사라진 중국 보너스, 어떻게 대응할 것인가

———

  중국은 한국 경제에 거대한 딜레마로 다가온다. 잘 돼도 걱정, 못 돼도 걱정이다. 경제가 빠르게 성장하고, 기업이 실력을 갖추면서 중국 산업계에서는 '홍색 공급망(Red Supply Chain)'이 형성되고 있다. 자기들끼리 다 하는 산업구조다. 그동안 중국에 부품이나 반제품을 수출했던 한국 기업에 도전이 아닐 수 없다. 중국 경제가 망가지면 더 큰 걱정이다. 한국 수출의 약 25%를 차지하는 중국의 성장률 둔화로 이미 적지 않은 기업은 견디기 어려운 시련을 겪고 있으며, 중국 과잉상품이 국내 시장에 쏟아져 들어오면서 많은 중소기업이 한계 상황에 내몰리고 있다. 중국의 성장이 한국 경제에 축복이던 시대는 지났다. '중국 보너스' 상실의 시대다.

  그러나 아무리 봐도 중국 경제가 망가지는 것보다는 잘되는 게 우리에게는 이득이다. 성장 속에 기회가 있으니 말이다. 중국이 안정된 성장세를 지속하고, 우리는 그 성장의 혜택을 함께 누릴 수 있는 구조를 유지하는 것이 한·중 경제협력의 관건이다. 그러기에 더욱 치열하게 중국을 연구하고 대책을 세워야 한다. 이 책에서 중국 경제의 발전 방향과 산업 흐름, 그리고 상생의 구조를 구축하기 위한 한국 기업의 대응 방안 등을 살펴본 이유이기도 하다.

내로라하는 전문가들이 중국 경제의 위기를 말하고, 경착륙을 전망한다. 그러나 이것 하나만은 기억하자. 중국의 성장 동력이던 '인구(人口)' 말이다.

앞에서도 지적했지만, 제조업 시대 중국의 가장 큰 성장 동력은 '노동력'이었다. 9억 명에 달하는 노동력이 중국을 G2의 나라로 만들었다. 그러나 인구는 이제 '구매력(Purchasing Power)'이라는 측면에서 중국 경제를 견인해나갈 것이다. 세계 어느 나라보다 두터운 중산층이 형성되면서 소비의 고급화가 진행되고 있다.

이미 수치로 반영되고 있다. 2015년 중국 경제 성장률은 6.9%로 25년 만에 최저치로 주저앉았다. 그러나 그 속내를 보면 주목할 만한 변화를 발견할 수 있다. 전체 GDP 성장에서 소비 기여율은 66.4%로 전년보다 15.4%포인트 높아졌다. GDP 대비 서비스업 비중은 50.5%에 달해 처음으로 제조업을 추월했다. 소비가 성장 동력으로 등장하고 있음을 보여준다. 중국이 6.9% 성장에 대해 '여전히 합리적인 구간'이라고 자신하는 이유다. 그들은 지금의 성장 둔화를 '전환기 경제 과정에서 나타나는 고통일 뿐'이라고 해석한다. 중국 공산당의 허풍이라고 치부해선 안 된다. 그 속을 면밀히 관찰하면 분명 근거를 발견할 수 있다.

앞에서 지적한 대로, 중국 산업에는 요즘 선수교체 작업이 벌어지고 있다. 미래 산업을 이끌 주자들이 속속 등장한다. 샤오미(小米), 바이두(百度), 화웨이(華爲), 레노버 등이 활약하는 IT 분야에서는 인터넷 모바일 혁명이 진행 중이다. 알리바바는 유통 구조를 혁신하며 생태계를 만들어가고 있다. 전역에서 대중창업 만중창신(大衆創業 萬衆創新)이라는 슬로건을 내건 벤처기업이 쏟아지고 있고, 자금력이 풍부한 기업은 해외 선진 기업을 인수하고 있다. 이 변화를 어떻게 국내 기업의 성장 자원으로 끌어오느냐에 한국의 내일이 달렸다.

중국 비즈니스에 10년 주기설이 있다. 중국 시장에 진출한 기업이나 브랜드가 10년을 버티지 못하고 짐을 싸야 하는 것을 두고 나온 말이다. 히트 브랜드를 보면 금방 알 수 있다.

1992년 수교와 함께 가장 먼저 중국 시장에 진출한 한국 브랜드는 '신발 공장'이다. 중국의 값싼 노동력을 활용하기 위해 신발, 의류, 보석 등 많은 임가공 공장이 중국으로 갔다. 돈 많이 벌었다. 그러나 2000년대 들어 중국 기업도 기술과 해외 판매망을 갖추면서 중국 진출 임가공업체는 차츰 설 땅을 잃어갔다. 가격이야 그들이 훨씬 더 내릴 수 있으니 말이다. 2000년 중반 중국 탈출 기업이 늘어났고, '야반도주'를 감행하는 사장도 많았다.

한국의 백색가전이 중국 시장에서 히트친 건 1990년대 중반부터다. 저 멀리 우루무치 아파트에서도 'LG에어컨'을 볼 수 있을 정도였다. 그 역시 10년을 버티지 못하고 중국 기업에 밀려났다. 1990년대 후반 중국 시장의 20%까지 차지했던 한국 굴착기 역시 10년 만에 중국 기업에 밀려 경영난에 시달리고 있다. 중국 기업이 한국을 따라잡는 데 10년이면 충분했다는 얘기다.

그러나 그게 다는 아니다. 10년 이상 꾸준히 시장을 주도하는 분야도 없지 않다. 대표적인 게 디스플레이 제품이다. 우리 기업은 1990년대 중반부터 브라운관으로 중국 디스플레이 시장을 주도했다. 중국이 그 시장을 한국 기업에 고스란히 내줄 리 없다. 기술 추격에 나섰다. 결국 10여 년이 지난 2000년대 중반 중국 기업에 잡혔다. 그러나 바로 그때 우리 기업은 LCD로 전환하는 데 성공하면서 시장 우위를 지켰다. LCD로 또 10여 년 디스플레이 시장을 이끌어왔다. 중국 기업은 이제 LCD 분야도 거의 따라왔다. 2017년쯤이면 중국이 한국을 제치고 세계 최대 LCD 생산국으로 등장할 전망이다. 그렇다면 우리는 밀려나고 말 것인가? 아니다. 우리에게는 OLED라는 희망이 있다. OLED 기술을 주도한다면 앞으로 10년 또다시 중국 시장을 먹을 수 있다.

휴대전화도 그렇다. 1990년대 말 '애니콜 신화'로 시작된 삼성의 중국 휴대전화 사업은 2000년대 말 한계에 달했다. 중국 현지 기업이 치고 올라온 탓이다. 하지만 그게 끝은 아니었다. 삼성은 2010년

들어 스마트폰 '갤럭시'를 출시하면서 다시 휴대전화 시장을 장악하였다. 그렇게 또 5년간 시장을 주도했다. 역시 중국 기업의 추격은 거셌다. 지금 갤럭시는 샤오미, 화웨이 등 중국 기업에 밀리고 있다. 무엇인가 새로운 혁신이 필요한 시점이다. 혁신이 가능하다면 삼성은 중국 이동통신 단말기 시장에서 다시 10년을 견딜 수 있을 것이다. 아니면 나와야 한다.

한·중 경제협력의 핵심은 역시 기술이다. 그들보다 한 발 앞선 기술을 가질 수 있느냐 없느냐에 따라 중국 비즈니스의 성패가 달려있다.

요즘 대세는 화장품이다. 중국인의 한국 화장품 사랑은 2015년 광군제 특수 때 여실히 드러났다. 앞에서 지적했듯 광군제 기간에 알리바바의 티몰 주문으로 중국에 수출된 한국 상품은 약 737만 달러에 달했다. 이 중 80%가 화장품이다. 2015년 한국은 미국과 일본을 제치고 제2위 대중국 화장품 수출국(1위는 프랑스)으로 부상했다.

한류(韓流)는 중국 시장 공략의 힘이다. 드라마의 파괴력이 가장 컸다. 1997년에는 '사랑이 뭐길래'가, 2004년에는 '대장금'이, 2014년에는 '별에서 온 그대'가 중국인을 웃기고 울렸다. 2016년에는 '태양의 후예'가 중국인을 사로잡았다. 더불어 국내 예능프로그램도 중국에서 인기다. 공연 '난타', 한·중 합작 영화 '이별계약' 등의 콘텐츠도 중국인에게 통하는 한국 상품이다.

중국 관광객을 뜻하는 '유커'도 무시할 수 없는 히트브랜드다. 2015년 메르스 파동에도 불구하고 약 600만 명의 유커가 한국을 찾았다. 1인당 평균 1400달러 정도를 쓴 것으로 추산된다. 그들이 한국에 와서 뿌린 돈도 돈이지만, 유커는 한국과 중국의 소비시장을 잇는 채널이라는 점을 간과해서는 안 된다. 그들은 한국의 제품뿐만 아니라 문화도 가져간다. 한국에 대한 이미지 형성의 매개요, 한국 제품의 홍보 통로다. 국내 관광업계를 건강하게 키워야 할 요인이다.

화장품, '난타', '별에서 온 그대', '이별계약', 유커……, 이들의 공통점은 소프트 산업이라는 점이다. 단순히 공장에서 찍어내는 제품이 아닌 한국의 문화와 창의력이 어우러진 상품이다. 소프트 산업은 중국 소비 시장에 남아 있는 기회의 땅이다.

물론 중국 경제에 문제가 없다는 것은 아니다. 마지막 장에서도 봤듯 중국 경제는 지금 공급 과잉, 그림자금융, 부동산 버블 등 많은 문제를 안고 있다. 부채에 의존한 기존의 성장이 한계에 달한 것이다. 그렇다고 해서 중국에 등을 보일 수는 없다. 중국 산업 내부에서 벌어지는 새로운 움직임을 살피고, 그 움직임에 어떻게 동행해야 할지를 고민해야 한다.

'중국 보너스' 상실의 시대다. 우리가 하기에 따라 중국은 축복의 존재가 될 수 있고, 아니면 재앙을 주는 존재로 다가올 수 있다. 지레 겁먹을 필요는 없다. 중국보다 한 발 앞선 기술, 소프트 창의력 등을 갖춘다면 그 보너스는 더 커질 수 있다. 한·중 FTA는 이를 위한 촉매제다. 위기의 시기, 그래서 기회를 찾는 노력이 더 절실한 때다.

중국의 반격
더 이상 중국 보너스는 없다

지은이　중앙일보 중국팀
기획　　중앙일보 중국연구소

이 책의 편집과 교정은 임인기가, 디자인은 노영현이, 인쇄는 꽃피는청춘 임형준이, 제본은 은정제책사 양익환이, 종이 공급은 대현지류의 이병로가 진행해 주셨습니다. 이 책의 성공적인 발행을 위해 애써주신 다른 모든 분들께도 감사드립니다. 틔움출판의 발행인은 장인형입니다.

초판 1쇄 인쇄 2016년 4월 20일
초판 2쇄 발행 2016년 5월 20일

펴낸 곳　　틔움출판
출판등록　제313-2010-141호
주소　　　서울특별시 마포구 월드컵북로4길 77, 353
전화　　　02-6409-9585
팩스　　　0505-508-0248
홈페이지　www.tiumbooks.com

ISBN 978-89-98171-27-8 03320

틔움은 책을 사랑하는 독자, 콘텐츠 창조자, 제작과 유통에 참여하고 있는 모든 파트너들과 함께 성장합니다.